ちくま新書

ふしぎな日本人

——外国人に理解されないのはなぜか

塚谷泰生
Tsukatani Yasuo
ピーター・バラカン
Peter Barakan

ふしぎな日本人——外国人に理解されないのはなぜか【目次】

はじめに

ピーター・バラカン

一九七四年から東京で暮らしているぼくは、ロンドンの生まれ育ちなのですが、とっくにロンドンに「帰省」するという意識はなくなりました。それでも飛行機でロンドンに着くと、途端にイギリス人的な思考になります。そして日本に戻ったら、ああ、ここは日本だと、日本人のような感覚に自動的に切り替わります。

こうした文化・社会の違いがどこの国でも当たり前に存在するもので、この四七年間この思考の入れ替えに慣れてしまい、それほど疑問を持つことはありません。

当然のことながら、日本とイギリスは違います。この部分が違うなとか、この部分は共通なのかなとか、日本とイギリスの文化的な違いはさまざまですが、そんな中で日々生活、仕事をしてきました。

八年ほど前に、ある映像製作会社の方から連絡がありました。アメリカのクライアントからの依頼で、英語のドキュメンタリー映像の仕事を手伝ってほしい、内容は日本人と欧米人の違いの話だというものでした。

話が面白そうなので、そのストーリーとは何なのかを聞くためにシナリオを書いた人と会うことにしました。

そのときに現れたのが塚谷さんで、ヨーロッパ在住約二五年で、ヨーロッパでビジネスを展開してきたという。初対面でしたが、彼の話す日本人、ヨーロッパ人の気質は食べ物由来の違いだとする説に驚くと同時に、納得できることがかなりありました。

なるほど、イギリスでも、日本でも、まったく気にしてこなかった畑や水田、その作物である麦や米、ジャガイモ、また畜産、放牧が、そこに暮らす人々の考え方につながっている。要するに我々人類が何をつくって、食べて命をつないできたのかが考え方の起源となっているという塚谷さんの話に納得できたので、この映像企画を手伝うことにしました。春から晩秋までの約一〇カ月に及ぶ撮影が開始され、稲の生長と収穫、それにまつわる祭り、儀式等の日本文化、ヨーロッパの畑作の実態と作物にまつわる文化比較についての対談を含む映像とができあがり、無事にアメリカのクライアントにその三〇分映像を収めることができました。ところが、予期せぬ事情によりその映像は公開されることなく、いまだにどこかに眠っています。この本はその素材をもとに、さらに話の内容を拡大した対談です。

これまで日本の社会について感じてきたことで、「へえ、そんなところに理由が隠れていたのか!」という驚きがたくさんありました。対談は、日常の習慣、ビジネス習慣、文化、言語、音楽、農業、そしてこれからの未来の話に及んでいます。

もちろん日本とイギリスの、どちらの文化が良い、悪いという話ではありません。それは個人の考え方、個人の生き方の選択の問題です。

しかし、この本の中で、多くの日本人がおそらく考えたこともないであろう日本社会のルーツが見えてくると思います。ヨーロッパの人々に日本の不思議を説明しようと、自身の疑問をはらすために長年続けてきた塚谷さんの地道な研究がこの形で役に立つことを祈ります。

第一章 日本人ビジネスマンが感じたヨーロッパ社会

1 「ノー」と言えない日本人

†仕事と観光では見方が変わってくる

バラカン　塚谷さんが初めてヨーロッパに住んだのは、今から何年前ですか？

塚谷　一九九〇年の四月ですから、三一年ほど前になります。会社はデンマークのコペンハーゲンにありました。

バラカン　勤めていた会社から派遣されたんですか？

塚谷　そうです。北欧に新しく会社が出来たときに派遣されました。

ぼくの誕生日は四月九日なんですけど、その日にデンマークに着きまして。自分で海外赴任を望んだのですけど、「なんで自分の誕生日にこんなところにいるのかな」と思いながらコペンハーゲン空港に降り立ちました。そのときは日本人の店長が迎えに来てくれて、それからは自分でアパートを探して住んでいました。

バラカン　じゃあ自分の意志じゃなくて「お前行け」ってことですよね。

塚谷　ええ。でもぼくの勤めていた会社は商社でしたので、ずっと海外に行きたいと思っていました。

当時配属されていた部署に、カナダから戻ってきたMさんという上司がいたんですね。彼は中学、高校とドイツ・ハンブルクのアメリカンスクールに通っていたので、英語がペラペラでした。商社にはこういう方も少なくありません。分厚い英語の書類もバーッと一気に読む。

ぼくにも英語の分厚い書類を渡して、「これ、一週間後までに読んでおいてね」と言われるわけです(笑)。それを読むのは大変なんですが、追いかけるように「じゃあ来週、読み合わせしよう」と言われます。「これはまずいな。どこか海外に出て少し勉強しなきゃいけない」と思っていました。

手っ取り早く英語を身につけるには、周りが英語であふれている環境に身を置くのが最もいいと思い、会社ではことあるごとに上司に「海外に行きたい、海外に行きたい」と言っていました。そうしたら、チャンスが巡ってきて、海外赴任が決まりました。やっぱり口に出して言うことが大事なんですね。赴任先の候補がいくつかあって、その中でデンマークになりました。

仕事で行くというのは、観光で行くのとでは、見方が全然違うんですよね。向こうで仕事をするというのはある意味で戦いと思っていました。会社が設立した現地会社の役員として赴任しました。ヨーロッパの人を相手に商売をして利益を出していかなければならないから、ヨーロッパでは戦いの現場に降りていく感じでした。

その思いがより強くなったのは、会社をやめてヨーロッパで独立し、ここで商売をしていくとなったときでした。そうしたとたん、日本に帰ってきて見えてくる景色が全然違って見えました。

バラカンさんもまったく同じだと思うんですよ。日本でそれなりに仕事を得てやっていこうと思えば、戦いの場に入らざるを得ない。だから学生旅行や観光で来たのとは全然違う目線になると思うんです。

バラカン　そうね、ぼくは最初から観光している暇はなくて（笑）。仕事で来たので、着いた日から仕事でした。もちろん週末や夏休みにちょっとは観光しますけど。

ここ一〇年ぐらい、海外からの観光客が多いじゃないですか。観光という意味では、そういう人たちのほうがぼくよりもはるかに、日本のことを知っていると思う。もちろんそれは表面的な体験かもしれませんけど。ぼくはDay 1（一日目）から日本で生活してるんですよ。

塚谷　「リタイアしたら日本のあちこちを見てみたいな」と思っていらっしゃいますか？

バラカン　思いますけどぼくはフリーで仕事をしているので、リタイアっていうのはたぶんあり得ないと思います（笑）。

塚谷　ぼくも仕事があるから時間的な問題もあってなかなか行けないんですよね。だから「ある程度の年齢になったら行けばいいや。今は仕事だけでいい」と思っています。よく考えると、ヨーロッパに住んでいますけど、観光旅行ってほとんどしたことがないですね。

観光地に行くことはありますが、それは日本からやってくる取引先やお客さんを案内するためです。はるばるヨーロッパまでビジネスで来るわけですが、滞在中は仕事のない日もあります。そんなときに、観光でいろんなところを回ります。

フランスのパリであればルーブル美術館とか、エッフェル塔を案内したり、オランダには日本人の大好きなファン・ゴッホ美術館がありますから、そこへ案内したりします。ですからそれぞれ数回ずつ行っていますね。

オランダで商売をしていましたから、アムステルダムの運河クルーズ、カナルクルーズにも何回か乗っていますが、これもお客さんを案内するためです。個人的に観光で行ったことは一度もないですね。

バラカン　でも、いろいろと体験していますよね。

塚谷　ぼくの場合、お客さんにチケットを買ったり、アテンドをしたりということが主で、これはビジネスのためです。だからそういうことにはエネルギーを使いますが、自分が楽しむために観光するというのは、まったくと言っていいほどありませんでした。

バラカン　ぼくは今、ヨーロッパに行くときは逆に観光客として行くので、それは楽しいですよ。ヨーロッパに限りません。夏休みにはインドネシアやヴェトナムに行ったりしますが、それも楽しいです。日本にいるとどうしても、仕事モードから離れることが難しいですからね。

塚谷　ぼくは帰りの成田からヨーロッパ行きの飛行機に乗ると、そこから頭の中はもう仕事モードに切り替わります。「あそこ行って、まずこれやらなきゃ」とか「その次はこれかな」とか、仕事のスケジュールで頭がいっぱいになります。成田で自分にすごくプレッシャーをかけています。それで着いたとたん、そこが職場になっちゃうんですよ。逆に、日本に帰ってくるときは遊びみたいな感じですね。

†最初の仕事は分厚い契約書を読むことだった

塚谷　デンマークに赴任した会社員時代、私は本社で紙パルプ部（紙の原料や印刷用紙の輸入販売）に所属していたので、当時、本社とデンマーク事務所で進行中だった、ノルウェーの製紙メーカーと工場をつくるというジョイントベンチャーのプロジェクトに携わることになりました。

手始めに財務諸表や契約書から問題点を洗い出す作業を行うことになったのですが、その契約書がまたすごく分厚いんですよ。

アメリカの契約書はものすごく分厚くて、ヨーロッパはその半分の厚さ、日本はさらにその半分の厚さとよく言われます。そのときの契約書の厚さは四センチくらいありましたから、アメリカならゆうに八センチほどの厚さになるでしょうね。

ジョイントベンチャーでは相手会社の経営や財務内容を把握することがとっても大切です。このプロジェクトには会社が三〇〜四〇億円出資するので、財務諸表から現物資産の査定をしっかり見極めないと、自社が損失を抱え込むことになりかねません。なので、契約書だけを見ればいいというんじゃなくて、財務諸表も読み込み、資産、土地、在庫までも、現物調査までしなくてはならないのです。

一連の書類には紙パルプ業界の専門用語の他に、会計や財務の専門用語も多く出てきます。これをノルウェーの山奥のホテルにこもりっきりで、現地の会計士と読み合わせて内容を検討しました。

バラカン　それは何年前？

塚谷　三〇年ぐらい前ですね。最初の三〜四年はデンマークにいて、そのプロジェクトの関係でしょっちゅう車でスウェーデン経由でノルウェーに行っていました。

バラカン　当時、日本人が団体旅行でヨーロッパに行くことはあったと思うけど、塚谷さんのように住んでいる日本人ってあまりいなかったでしょう。

塚谷　そうですね、住んでる人は少なかったし、車で毎週フェリーで国境を移動するという日本人はいなかったと思います。

デンマークとスウェーデンは今は陸続き（二〇〇〇年にオーレスン橋が開通した）になりましたけど、その頃はフェリーでしたね。フェリーに乗っても二〇～三〇分でスウェーデンに着きます。毎週毎週フェリーに乗ってデンマークからスウェーデン側のヘルシンボリに着くと、他の車はどんどん走り出していくのに、毎回なぜかぼくの車だけはパスポートコントロールで係官に「こっちこっち」って呼び止められるのです。

製紙会社はだいたい山の中にあるのですよ。紙は木材からつくられるので、原料が豊富にある山に工場をつくるからなんですが、そこに行くにはどうしても車が必要になります。だからフェリーを使うことが多くなるんですが、あの当時、毎週車に乗ってやってくる東洋人はいないわけですよ。だから港に着くと「これが日本のパスポートか。初めて見た」と言われたことが二回ぐらいありましたね。要するに、東洋人は珍しいので、謎の東洋人が来たという感じで呼び止めていたみたいですね（笑）。

話を戻しますと、契約書関係の読み合わせはホテルに缶詰めになりながら、朝から晩まで根を詰めてやりました。四日目のランチのときに、会計士とレストランで食事をしていたら、急に目の前が暗くなって、意識を失ってしまってイスからずり落ちたのです。周りの人もビックリして、救急車を呼ぼうとしてくれたのですが、すぐに意識が戻り、それには及びませんでした。疲れていたんですね、貧血でした。結局、この仕事は一週間かかりました。その間、この会計士は何事もなかったようにやり遂げました。

ぼくもまだ三〇代の前半だったので、体力には自信があったのですが、ヨーロッパの人は日本人とは体力が違うのだと思いましたね。

バラカン　その会計士の人は何歳くらいでした?

塚谷　ぼくと同じくらいか、少し上だったように思います。

体力ということでは、もう一つビックリしたことがあるんですよ。

勤めていたデンマークの事務所では、ソフト・ドリンクやビールをケースで酒屋に注文し、会議やパーティーで使うようにしていました。ある日、秘書のレーネ嬢から、夜のパーティーで使うビール二ケースを運ばなければならないのに、酒屋が今日に限って人がいなくて配達してくれないから、運ぶのを手伝ってと言われたのです。「いいよ」と軽く答えて酒屋に行ったら、ビールのケースは二ダース入りの大きくて重いものでした。それを二ケース運ぶのです。

ぼくが二ケース運んでもよかったのですが、レーネ嬢が「わたしも一つ持つ」と言ってくれたので、ひとり一ケースずつ運ぶことになりました。酒屋から事務所までの距離は三〇〇メートルほどです。ところが、ケースを持って歩き出したら、その距離でもぼくは重みに耐えきれず、二回ほどケースを下に降ろして息を整えて運んだのですが、レーネ嬢はか細い体なのに涼しい顔で、すいすいと同じ重さのケースを運んでいきます。彼女の身長は一七〇センチメートルほどでスレンダー、手足も細いんです。それでもぼくは置いてきぼりにされました。自分が情けなかったですね。それで悔し紛れに、「バイキングの娘は違うねっ!」と言ったら、「サムライの息子じゃないのか?」と(笑)。ヨーロッパ人の筋力の違い、筋肉の質の違いをまざまざと思い知らされました。

†日欧の仕事のやり方の違いに驚く

バラカン　それは塚谷さん個人の話ではなく?

塚谷　いや、骨格とか筋肉量が日本人とは違うんじゃないですか。そもそも食べる量も日本人とは違います。ヨーロッパではプレートランチを注文しても量が多いですし、それとは別に山ほどのパンがついてきます。日本人には食べきれないほどですよ。それに、ヨーロッパ人の中には「小さい寿司なんてありゃ人間の食べるもんじゃない、小鳥のエサだ」と言い放った人もいましたから。

そういえば、あるとき取引先の仲の良いスウェーデン人から、腹減ったから昼飯に行こうよと誘われて、二人でコペンハーゲンのチボリ公園の横にある鉄板焼き屋に行ったのですが、ものすごい食いっぷりにビックリしたことがあります。日本人からすれば三人分ぐらいありそうな量の肉にかぶりつき、そのうえ焼き飯は三人分はある大盛りを食べました。これだけの量を人間が食べられるのかと恐れ入りました。

「三日前から出張で忙しくて、この三日間、まともに寝てないし、しかも時間がなかったものだから、ずっと飯食ってなかった」と言っていました。

彼は休暇も取らず、家族サービスなしで朝から晩まで働いていました。ヨーロッパでは定時になるとさっさと帰る人が多い中、日本人よりも働く人もいるのだと初めて知りました。それに、彼は「経営者になりたいので、家庭サービスはできない。それでもいいなら結婚する」と言って大学の同級生と結婚したというのです。ヨーロッパにはこういう人もいるんだとビックリしました。働きすぎは何も日本人だけではありません。

バラカン　日本の会社では、上司が残っていると帰りにくいので、長時間会社にいるということもありますよね。残業代もつくし。ぼくが会社に勤めていたときはさっさと帰りましたよ。

塚谷　私の勤めていた事務所でも同じで、定時になると皆帰っていましたね。遅くまで仕事をするという考えはないようでした。

日本では定時を過ぎても仕事をするのが当たり前でしたが、海外では定時を過ぎたらすぐに帰るのが当たり前だということは知っていました。実際、定時を過ぎて残っていたのは日本人だけでした。

日本から来た知人が、別の商社のヨーロッパ子会社の社長を訪ねたそうです。彼は仕事ではなくて私的な旅行だったので、終業後の五時に会社で待ち合わせることにし、五時を五分ほど過ぎてその会社に着いたら、社員はもうほとんど退社した後で、待っていてくれたのは日本人の社長だけだったとビックリしていました。

日本でも就業時間を過ぎたらすぐに帰る人はいましたが、周りの同僚の残業具合を見ながら、仕事が残っていたら切りのいいところまでやって、それから帰るのが普通でした。こんなところにも日本との違いがあります。

バラカン　だらだらと残って仕事をしていたら残業代もかかるし、会社にとってもいいことないように思うけど。

塚谷　それはそうなんですけど、仕事では日本とヨーロッパの違い、考えさせられる出来事がたくさんありましたね。

ランチをとったらすぐに来訪者とミーティングに入ることになっている場合、日本人はその時間に間に合うように戻ることを考えます。だから、数人で昼食に出かけたら、早く出てくる料理とか、誰かが注文した料理に便乗してみんなで同じものを注文します。そうすることで、同じタイミングで早く食事が出てくるので、ミーティングに遅れないという配慮をします。あうんの呼吸です。

ところが、デンマークでは違いました。現地の部下たちとランチに行っても、そうした事情にお構いなしで、それぞれが好きなものを注文します。調理に時間のかかりそうなメニューでも気にしないで、てんでんばらばらにオーダーします。

日本人の私は、ミーティングに遅れると気をもみますが、彼らは気にもしません。次の予定がどうなっていようとも自分たちのランチを十分に楽しむことを優先させます。会議のスタートが遅れて相手を多少待たせても、彼らはまったく悪びれるところがありません。また、待たされた来訪者も大して気にしません。お互い気にしないのです。日本人の私にはストレスでした。

バラカン　たしかによくあることですが、ぼくは「時間は守れ」といって育てられたので、今でも遅刻しないように必ず余裕を持って移動するようにします。

塚谷　バラカンさんは別として（笑）、一般的にヨーロッパでは、時間を守ることにはおおらかで、ギスギスしていないように思いました。日本人は時間に厳格ですから、アポイントメントの時間に相手が遅れると、「何で時間を守れないんだ」と言って怒り出す人もいます。

ヨーロッパ人はその場の空気を読まないからでしょうが、自分の都合を優先する姿は、日常生活の中でもよく見ましたね。

オランダの銀行では、銀行の窓口がどんなに混雑していても、用事が終わった客が銀行窓口の行員と世間話を始める光景をよく見かけました。後ろに長い列ができていてもお構いなしです。窓口の行員は、おしゃべりをやめさせようとはしませんし、後ろに並んでいる客も文句一つ言わず、じっと耐えて待っているのです。

オランダに来ていたアメリカ人の友人は、この光景を見て「アメリカでは窓口でぺちゃくちゃ関係ない話をしてたら、後ろから文句は出るし、オレも絶対に文句を言うよ」と、呆れ顔でした。

自分が会話を楽しむためには、他人がどう思おうとも、その場の空気を読まないで話をし続けるのです。デンマークやオランダに限ったことではなく、ヨーロッパではごく当たり前に見られる光景です。

オランダ人の友人は「オランダのお店で店員が、商品が届くのは明日といったら、来週という意味だね」「そうそう、それで来週といったら来月という意味だよ」「来月といったら来年以降という意味だよ」と、まるで笑い話のような会話をしたことがあります。それほど時間に関してはおおらか、悪く言うとずぼらですね。

バラカン　それはオランダ特有な事情ではないのかな。

塚谷　約束の時間に遅れてもたいした問題ではないというのは、ヨーロッパ全体的にいえると思いますよ。電車が定時に来るのは稀ですし、私にはバラカンさんが特別のような気がしますよ（笑）。

†答えが「ノー」でも交渉は終わらない

バラカン　日本とヨーロッパは文化や習慣が違うので、ヨーロッパで仕事していくうえで、日本と大きく違うと感じることがあったんでは？

塚谷　最も感じたのは「ノー」という言葉でしたね。ぼくはあきらめが悪いので、売り込みに行ったときでも、一度断られたぐらいではくじけないで再挑戦していましたが、その私でさえヨーロッパで「ノー」と言われると、商談や交渉が決裂して契約交渉は終わりだと思っていたのです。

ところが、経験を重ねるうちに、あることに気づきました。商談相手が私の事務所を訪ねてきたとき、こちらの提案に「ノー」と言った相手が席を立たずに座り続けていたのです。日本では「ノー」と言ったら「ハイ、おしまい」の意味ですから、それで交渉は終わりです。商談は失敗だったと言って、席を立って帰るはずです。ところが、彼にはその気配がありませんでした。先方はどうもまだ交渉を求めているように感じたものですから、最終提案のつもりでこちらの条件を少し緩めた提案を出してみました。それでも、回答は「ノー」だったのですが、少し脈があるように感じたので、思い切って「どういう条件ならイエスと答えるのか」とストレートに聞いたところ、相手はようやく自分たちの条件を出してきました。

日本人は外国人に「ノー」と言われると、「断られた」のだと思い、すぐに引き下がってしまいます。日本人の感覚では「ノー」は拒絶を意味するので、「お断り」と受け取るからです。悪く取ると、その取引だけでなく、これまでの関係も含めてすべて「おしまい」と感じてしまうことすらあります。

バラカン　日本人は断るときでもはっきりと言わないで、「考えてみましょう」と気を持たせる言い方をしますから、「ノー」と言われると、すべて断られたと思うのかもしれませんね。

塚谷　ヨーロッパのビジネス用語では、「ノー」の意味は日本人のそれとはまったく違うのですね。たとえ強い調子で「ノー」と言われても、話し合いがその一言で終わるのではなく、「違う提案はないのか」という程度の、ネゴシエーション用語と思うようになりました。

オランダの食品メーカーの技術担当者と、新商品の開発の仕事の話をしていたとき、こちらの提案に対して、相手の返事はあまりにも「ノー」が多かったので、内心で「こいつやる気があるのか」と、だんだん腹が立ってきました。

そっちがその気ならと腹いせに、先方の提案に対して、イエスといえば良いところまで、「ノー」を連発したんです。そうしたら、相手も気がついて「何でそこでノーなんだよ」と、早口の英語でまくし立ててきたので、「あなたがノーを連発して頭に来たから、ノーって言ったんだ」と言って、二人して大笑いになりました。そこまで腹を割った話し合いができたので商談は成立しました。

バラカン　やっぱり言うべきことを言わないと、信頼されないと思いますよ。

塚谷　最初のうちは慣れなかったんだけど、仕事して五年、一〇年、二〇年と経ってくると、徐々に「ノー」というタイミングがわかってくるわけですよ。ここではイエスと言ってはいけなくて、ノーと言って逆襲しないと認められないとか、そういうタイミングがわかってくる。
それで「ミスターツカタニ、こういうことなの？」と聞かれて「いや、そうじゃないよ。それはアンフェアじゃないか」と言うとムッとする人もいるんですが、そうこうしているうちに「お前、日本人じゃないみたいだね」とよく言われるようになりました。「なんでそう思うの？」と聞くと、「お前はいちいち言い返してくるじゃないか。日本人はだいたい、議論しているうちに何も言わなくなるよ」と言うのです。
自分は正直言って、無理してるんですよ。ぼくはヨーロッパでの仕事では常に緊張してるんですよね。逆に、日本に帰ってくると肩の力がすっと抜ける感じでリラックスできます。

バラカン　今でも？

塚谷　ええ。小・中・高・大学と日本で教育を受け、しかも一〇年は会社勤めをやっていたので、日本の社会にどっぷりとつかっていたわけです。その感覚からすると、攻撃的にならないとヨーロッパでは認められないという意識が強い。それは習慣でできるんじゃなくて、考えてやらないとできないんですよ。
ヨーロッパで教育を受けていれば、何も考えなくてもそれができるんだろうけど、ぼくはそうではないので「こう言ってきたら、こう言い返してやろう」というように、考えながら言う。向こうの小・中・高を出た日本人を知ってますが、彼らはああ言ったらこう言ってくるという感じで、ごく当たり前にできるのです。

2 異なる「正義」

†海外での自由を経験したら日本では暮らせない

バラカン 子供の時期をどこで過ごしているかというのは一番重要ですよね。

塚谷 日本でも、アメリカンスクールやブリティッシュスクールとか、海外のカリキュラムで教える学校を出ている人は全然違っていて、すごく自然にそういうことができるんですよ。

バラカン うちの子供たちも日本のインターナショナル・スクールに入れたので、たしかにその違いはありますね。

塚谷 だから奥さまとはちょっと価値観が違うと思いますよ。奥さまももちろん、ご主人と子供さんたちがそうだったら変えてると思うんですけど。

バラカン でも育ったのも東京だし、我が家は二カ国語の世界だから。あと、テレビは割と日本の番組をよく見ていたので。まあ、海外のヴィデオとかも多かったので半々ですかね。だから完全な英語圏人というわけでもない。

塚谷　ぼくの知り合いの娘は二人ともアメリカンスクールに通っていて、今はアメリカとイギリスにいるんだけど、二人とも言いたいことは空気を読まないで言うし、彼女たちも生意気だなって思います（笑）。

バラカン　大人になってからアメリカやイギリスに渡り、長年住んでいる日本の女性でも、日本に住んでいる人からすれば生意気に見えると思います。物事をはっきり言うからね。それは向こうでは当たり前のことなんです。

一度、アメリカやイギリスの自由を味わうと日本に帰ってこられないと思います。ぼくの娘もイギリスで大学に三年通い、仕事を九年やっていて一二年イギリスで過ごしてますから、日本に帰ってきて働くとなると大変だろうと思います。女性だし、自由度があまりにも低いから。

塚谷　特に女性はそうかもしれませんね。

バラカン　だからぼくも、たとえばニューヨークで知り合った日本人女性は、日本人とは思えないような物言いするなと思って一瞬ビックリしたけれど、やはりニューヨークにいたらこうなるんだなと思いました。もう日本には帰れないだろうと思いましたよ。

†お茶くみを命じられた女性はすぐに会社を辞めた

塚谷 日本人の男性はナヨナヨしてるけど、女性は本当に活躍してますよ。ヨーロッパで日本人の女性を雇っても元気がいい。反対に男性は女性と比較してちょっと活力不足な感じがします。

バラカン 日本に限らず、アジアはどこに行っても男女の違いがありますけどね。

塚谷 ヨーロッパもありますでしょ？

バラカン ありますけど、ぼくのように六〇年代に青春を過ごした世代からは相当変わりましたね。いや、四〇年代生まれから変わったかな。戦前生まれの人たちは保守的でしたが、それが劇的に変わったのが六〇年代です。ぼくらが一〇代で戦時中に生まれた人たちは二〇代の前半ぐらい、そのあたりでガラリと変わった。

でもアジアはそこで変わってないですね。もっと後に日本は多少変わって、女性の就職率はだいぶ上がってきましたけど、出生率の低下、晩婚化などで少子高齢化が進んでいます。日本の場合、女性の政治への参加率はまだ極端に低いですね。

塚谷 オランダの教会に行っていたときに、年配の女性陣がコーヒーを出してくれるんですよ。その教会のキッチンにいるのは全員女性で「なんで女性だけなんですか？」と聞くと、「男は牧師やオルガニストなどの仕事を務め、奥さんたちは裏のキッチンでコーヒーを淹れたり、お菓子を切ったり出したりするのが仕事だ」と言ってました。それを聞いて「ああ、なんか日本と似てるな」と思ってビックリしました。

バラカン　教会は保守的な世界だからね。

塚谷　しかも、おばあちゃんたちはみんなお喋りしながら楽しそうにやってるんですよ。そこには小さなコミュニティーができていて。

あともう一つ面白かったのは、次のようなエピソードです。ぼくがレストランを経営していたときに、オランダ人のナンシーという女性が「アメリカン・エキスプレスのオランダ支社に就職が決まったからウェイトレスをやめる」と言ってきたので、それは良かったねと言って送り出したら、半年ぐらいで戻ってきて「ヤスオ、また働かせてくれないか」と言ってきたのです。「ああいいよ」と言って来てもらうことにして、「なんで辞めたの?」って聞いたら、お茶くみをやらされたそうです（笑）。

バラカン　アメリカン・エキスプレスで?

塚谷　ええ。会議のときに何回も上司から「ナンシー、コーヒー」って言われて頭に来て辞めたって言ってました。「なんであいつにコーヒーを淹れなきゃいけないのか」とそれは憤慨していましたね（笑）。

バラカン　ぼくが日本に来たのは七〇年代の半ばだったけど、ＯＬという存在を見てビックリしましたよ。みんな制服を着て、何も言われなくても、必ずお茶をみんなに振る舞う。いったいこれはどういうことだと思いましたね。

塚谷　灰皿を替えたりね。

バラカン　異様に感じました。どこかの会社に行くと応接室に通されて、そこでソファに座っていると、制服を着た女性がお盆に載せたお茶を持ってきて。何だか申し訳なく感じたんですよ。

塚谷　本当ですよね。ぼくも日本に帰ってきてそれをやられると、ちょっと気持ちが悪いですね。

バラカン　あの居心地の悪さはいまだにありますよ。「いえいえ、大丈夫です」って言いたくなっちゃう（笑）。

塚谷　本当ですよね。ぼくも日本に久しぶりに入ってきてそういう場面に出くわすと、その人に時間を使わせるのがもったいないというか、悪いなという気がします。そんなことは自分でやれると思うのです。

バラカン　まあ、最近は少なくなってるだろうけどね。
塚谷　でも日本はまだ、そういうのがありますよ。
バラカン　まあ、それは日本の文化なんだろうけど。ぼくはそれを悪いとは言いません。ただ違和感があるというだけです（笑）。
塚谷　これはレストランを経営していて感じたことですが、ヨーロッパではぼくが一生懸命親切にすると嫌がる人がけっこういるんですよ。
バラカン　「ほっといてくれ」と。
塚谷　それもあるし、サービスをすればするほど値段が上がるんじゃないかと思ってる人が多いんですよね。つまり、頭の中でサービス＝お金になってるんですよ。日本には「おもてなし」という言葉があるけど、あれはヨーロッパの人からしてみるとサービス以外の何物でもない。おもてなし・サービスについては明らかに価値観が違いますよね。おもてなしは英語に訳するとserviceで、ヨーロッパの考え方だとこれはお金を払うべきものです。でも日本では、サービスはただという考え方ですから。
バラカン　マクドナルドもスマイルはゼロ円だし（笑）。
塚谷　日本の場合、サービスと言ってももっと踏み込んでくる。ヨーロッパの人たちはそれをすごく嫌がっているように感じました。

バラカン　たしかにヨーロッパでは、過剰に感じる人もいると思う。お客さんの要求を事前に察し、そのサーヴィスを与えるというのが日本のおもてなしの精神でしょう。ヨーロッパでは、こっちが言ったらそれに応えてくれればいい。事前にそれをやられたらちょっとtoo muchだと感じる人も、全員ではないだろうけどけっこういると思います。

†裁判で白黒つけたがる日本人

塚谷　あと、日本とヨーロッパでは裁判の制度が全然違いますよね。ぼくは商社を辞めてオランダで起業したんですけど、会社経営をしているときに、従業員や取引先などから何回か訴えられています。

バラカン　ああそう。ハラスメントとか？

塚谷　ハラスメントもあったし、給料の問題もあったし、あとは不当解雇とかいろいろありました。日本で裁判沙汰というと悪いこと、あってはならないことですから、訴えられないように何とか回避しようとします。そんな国からやってきた日本人が裁判に訴えられるような事態になると、精神的に大きなプレッシャーを受けます。

ところが、ヨーロッパではすぐに訴えてきます。日本であれば、訴える前に「塚谷さん、ちょっと給料が安いんじゃないか。もう少し上げてくれないか」という話し合いが行われ、それが決裂したら裁判になると思うんですが、ヨーロッパではそういうことがなく、不満があるといきなり訴えてきます。そうすると裁判所から訴状が来るので、それを弁護士のところに持っていってあれこれ相談するわけです。その弁護士を探すのも一苦労ですし、事前打ち合わせをするのも外国語です。訴えられるのは、苦痛以外の何ものでもありませんでしたね。

イギリスもそうだと思うんですけど、ヨーロッパでは裁判所や警察がすごく身近なんですよね。従業員も何かというとすぐに警察に電話する。日本では警察に電話するというのは最後の手段だし、よほどのことがない限り裁判所には行かない。争いごとなど経験しないで一生を過ごす人がほとんどでしょう。

日本の社会には必ず顔役（ボス）という人がいる。たとえばバラカンさんとぼくが揉めると、真ん中に入ってきて「塚谷君、それはちょっと言いすぎじゃない？　バラカン君が可哀そうじゃないか、このへんでやめたほうがいいと思うよ」と仲裁する。組織の中には必ずそういう人がいて、「まあまあ、そう言わずにちょっと一杯飲みに行こうよ」などと言って、その場を収める。ところが、ヨーロッパではそういうことがまったくない。

バラカン　なるほど、ヨーロッパでは組織ではなく、みんな個人でやっているから。

塚谷　そう。それで裁判所に行くと、まず服装に驚きます。初めての裁判ですから私はスーツ姿にきちんとネクタイを締め、身構えて裁判所に出向きました。
法廷には黒服を身につけた裁判員が並んでいますが、原告はジーパンにTシャツ姿です。何という格好で裁判所に来るのだとビックリしました。後で聞いたところでは、原告も被告もジーパンにTシャツなんて当たり前だそうです。裁判所は厳粛なところだと思い込んでいたので、肩すかしを食った感じでした。
それに、雰囲気がとげとげしくはなく、驚くほど和気藹々としているのです。審理に入っても、裁判官はくだけた口調で原告・被告に質問します。
バラカンさんは裁判所に行かれたことありますか?

バラカン いや、ないです。

塚谷 ぼくは何回も行ってるのでわかるんですけど。

バラカン じゃあ、裁判官が「まあまあ」という顔役になっちゃうわけね(笑)。

塚谷 本当にそうなんですよ。そこでは裁判中なのに、冗談を言う奴が出てくるし、笑いが起こるしで、かしこまった場所じゃない。

バラカン そういえば『判決、ふたつの希望』という映画があります(ジアド・ドゥエイリ監督、レバノン・フランス合作、二〇一七年)。レバノンに住むパレスチナ難民とレバノンの人のいざこざがテーマでほとんどが法廷シーンなんですけど、それと同じような感じですね。

塚谷　ぼくは日本の裁判官のイメージで、みんな黒い服と帽子を身につけ、厳粛に座っているのかなと思っていました。彼らも一応は黒い服を着ているんですが、言っていることはめちゃくちゃなんですよね。

そこでは日本人を馬鹿にしたようなことも平気で言ってきて、「日本人にはわからないよな」とか言うと笑いがワーッと起きたりして。あるいは「これはちょっと考えすぎだ」とかそういうことも言ってくるので、会社の上司が「まあまあバラカンさん、そんなに怒らないで」となだめるのとたいして変わらないのです。ヨーロッパの社会にはフィクサーみたいな人がいないけど、裁判所がその役割を担っているのかなと思いましたね。

日本の裁判制度は外国から来たものなので、融通が利かないこともあって、とにかく時間がかかるんですけど、ヨーロッパの裁判ではあっという間に結論が出る。「ミスターツカタニ、この件ではあなたが六で彼らが四の割合だな」とか「彼らのほうがちょっと悪いから、彼らは五割じゃなくて六割だな」とか。

まさに仲裁するオヤジが「いや塚谷君、バラカン君、この件はこのへんでもう終わりにしようや」という感じなんです。つまり、勝ち負けというものにそれほどこだわってないんですよ。

バラカン　裁判所が、問題解決の場ということですね。

塚谷　一方で、日本の裁判所は黒か白かをはっきりさせようとしているように感じますね。この前ちょっと調べてみたのですが、日本の民事訴訟で「和解」するのは全体の四四％で、「判決」を求めるのは三六％（平成二六年司法統計）だそうです。日本では民事訴訟自体でも白か黒かをはっきりさせたいものだから、和解は半分にも満たないのだと思います。そもそも、民事訴訟がヨーロッパやアメリカほど多くないですけどね。

ヨーロッパで一番感じたのは、どんな細かいことでもすぐに訴えてくるということです。日本だと表沙汰になるとよくないという考えがあるものだから、裁判にまで持っていきたくないという意識が働きますが、ヨーロッパでは誰もそんなことは思っていない。何か問題があればすぐに警察を呼ぶし、裁判に持ち込むという感じです。ヨーロッパでは裁判・訴訟が日常的ですよね。

バラカン　日本では裁判沙汰になったとたんに変に目立つという感覚はあります。目立つことに対する日本人の違和感というのは、ヨーロッパの人から見れば「どうしてそこまで恥ずかしがるの？」と不思議です。

ぼくのラジオ番組にリクエストを送ってくる人も「ラジオで読む場合は下の名前だけにしてください」とか、匿名希望がけっこうありますね。ラジオでリクエストするというだけでも、自分の知り合いにリクエストしたことを知られたくないということでしょうね。そういうのを読むと、なんて窮屈な社会だと気の毒になってしまいます。

あるいはテレビのニュースでも、事件現場の近所に住む人にインタヴューする場合、その人の首から下しか映さない。あるいは声も判別できないぐらいに変えて字幕を出す。字幕を見ていなければ何を言っているのかわからないほどに。これはメディア側が過剰に気を遣っているということもあるかもしれませんが、異常だと思いますよ。日本人はどうして、そこまで目立ちたくないのかと思ってしまいますよ。

†「和」の大切さを学校で教える日本

塚谷　ヨーロッパでぼくはしばしば、子供が泣こうが騒ごうが、駄目なものは駄目だと徹底的に教えているところを見ていて、日本とは教育の仕方がずいぶん違うなと思っていました。日本では子供が駄々をこねて泣いても、そのことについては何も言わなくて終えてしまう。駄々をこねたことがいいことなのか、悪いことなのかを教えようともしないので、子供には善悪がわからないままです。

でもヨーロッパでは駄目なものは駄目だとはっきりさせる。子供は動物なんだから、こうやって教えるしかないというわけです。

バラカン　子供が何歳になってもそう接すると。

塚谷　いや、ある程度大きくなったらやらないと思いますけど。たぶん五歳、六歳ぐらいまでじゃないですかね。ヨーロッパでは傍から見ていると虐待じゃないかというぐらいに、子供に厳しく接する。もちろん暴力は振るわないけど、言葉でガツンとやる。

バラカン　いや、ヨーロッパでも昔は暴力をふるってましたよ。お尻をペンペン叩くのは当たり前のことでした。最近その感覚はだいぶ変わりましたが、ぼくらの時代はお尻ペンペンだけじゃなくて、下手すると長い定規で叩かれたり、あるいは親のスリッパで叩かれたり。ぼくらが子供だった頃、それは暴力のうちに入っていなかったかもしれない。親父のベルトで殴られることも一般的なイメージでしたよ。今はそうじゃないけど。

塚谷　今でもけっこう厳しくて、「やっちゃ駄目なことは駄目だ」と徹底的に言ってわからせようとする。そういうことにものすごく時間を割いているように思います。日本だったらそこまでやらないですよね。

アメリカンスクールなども含めて、ヨーロッパやアメリカで教育を受けた人は、ナチズムはよくないとか、正義とは何かとか、そういうことをある程度学校で教育されるって言うんですけど、ぼくは日本でそういう教育を受けたことがない。

学校には道徳の時間があったけど、そこでは集団の和を乱さないことの大切さみたいなことを教わることが多くて。ヨーロッパではそういう教育はないと思います。

バラカン　道徳の時間はなかったね。宗教に触れる時間はありましたけど。イギリスでは少なくともぼくが子供だった頃はキリスト教の空気が全体に行きわたっていた。自分が教会に入った回数なんて両手で数えられるぐらいですけど、ぼくの学校では毎朝讃美歌を歌い、校長が聖書の中の一節を語る時間がありました。学校でなくても、聖書の話はラジオやテレビなどいろいろなところでされていた。そういう話をみんな聞き慣れていて、それで気が付いたら共通の倫理観みたいなものができあがってしまいますね。

これはキリスト教に限らずとても普遍的なことだけど、黄金のルールというのがありますよね。人に対してこうしてほしいと思えば、人に対して同じようにしなさい。自分にやさしくしてほしければ、人にやさしくしなさいと。逆に人に対して残酷なことをすれば、自分もそういう目に遭う。子供の頃からそういうことを言われて育つから、そういう価値観を無意識に持ちますね。

ヨーロッパの人たちが全員、敬虔なキリスト教徒というわけではないけど、道徳というか倫理観というか、善悪の感覚は往々にして持っていた。ここ五〇年ぐらいの間に多民族・多宗教で社会が多様化しているので、そう簡単にはいかなくなったかもしれませんが、根本的にはまだ黄金のルールが根づいていると思う。もちろん、そこには正義感も含まれています。

日本には推定無罪はないのと同じ

塚谷　ぼくも、ヨーロッパと日本では正義についての考え方が違うと感じたことがありました。ウィキリークスの共同創始者のジュリアン・アサンジ、二〇一三年六月にアメリカ政府の監視システムを告発したエドワード・スノーデンっていますよね。

バラカン　アサンジは［二〇一〇年八月に］性的暴行疑惑でスウェーデン人女性二人に訴えられ、スウェーデンで身柄を拘束されるんじゃないかと思って［二〇一二年六月に］ロンドンのエクアドル大使館に逃げ込みましたよね。そこでしばらく暮らした後、［二〇一九年四月に］エクアドル大使館がイギリス警察を迎え入れて逮捕されたんですけど。彼はオーストラリア人ですよね。

塚谷　ぼくがヨーロッパにいたとき、彼がよくテレビに出てきていたんですよ。イギリスからもスウェーデンからも逮捕状が出ているのにテレビに出ている。これが日本人だったらテレビになんか出られるわけがないし、拍手する奴も絶対にいない。社会の敵になっているわけだから、叩き潰されているだろうと思います。

バラカン　日本では逮捕されると、とたんにメディアでは何々容疑者となって「〜さん」

と呼ぶ人がいない。これはぼくにとってすごくショックでした。日本に来た頃、テレビで夜のニュースを見てると、容疑者とか被告とかそういう言い方をしますが、それが偉い政治家になると「前○○大臣」になって容疑者・被告とは言われない。これはすごい二重基準だなと思って。とにかく、逮捕されたとたんに「さん」付けしてもらえないというのはショックでしたね。推定無罪の原則があるはずでしょう。だから、ぼくは今でもとても違和感があります。

塚谷　ぼくも日本に帰ってくると、それにはものすごく違和感があります。要するに推定有罪みたいな感じじゃないですか。起訴された時点でもう有罪みたいな。それはヨーロッパではないですよね。

バラカン　カルロス・ゴーンに聞きましょう（笑）。

塚谷　あれはある意味、血祭りに上げるというか、村八分の延長に近いんじゃないかと思います。それがヨーロッパでは、アサンジがテレビに出てきて、みんなの前で演説している。逮捕状が出ていていつ捕まってもおかしくない人がいつの間にかテレビに出てきて、何か言うたびに「よくぞ言ってくれた！　お前は正しい！」という感じでわっと拍手が起きます。その姿を見ていて、ヨーロッパってフェアだなと思ったんです。

バラカン　みんなのためになることをしているからですよね。

†日本の常識は世界の常識とかけ離れている

塚谷　日本ではそうだとしても、誰もそういうことをやらない。それをすると自分が次のターゲットになるかもしれないから。ヨーロッパでは正義のためなら拍手して、自分が何か不利益を被っても平気なんですよ。

バラカン　全員とまではいかないけど、中にはそういう人もいますね。

塚谷　そういう人は多いと思うんですよ。それはたぶん、正義とは何かという教育があるからじゃないかと思うのです。

バラカン　西ヨーロッパに関してはそうですけど、ハンガリーやベラルーシなど東欧ではそうはいかないし、ロシアはもってのほかです。

塚谷　イギリスやオランダもそうだし、ドイツもそうだけど西ヨーロッパの人たちはダイナミックですよね。日本人はみんな萎縮しちゃうじゃないですか。そういうものには関わらないほうがいい、触らないほうがいいということでみんな黙る。そんなことをやっていると、下手すると国税庁のターゲットになるから。気が付いたら国税庁が来て、通帳を全部ひっくり返して調べるということが現実にあるようですし。

バラカン　アル・カポネだってそれで捕まったし。

塚谷　彼は推定無罪だったんですかね。

バラカン　まあ、彼はギャングスターだったけど。アメリカで今年の初めに公開された『ジ・ユナイテッド・ステイツ vs. ビリー・ホリデイ』という伝記映画があります（リー・ダニエルズ監督）。日本では二〇二二年春公開予定です。ビリー・ホリデイは一九三九年から、黒人のリンチについてこと細かに歌った「奇妙な果実」という曲をレパートリーに加え、大きな話題となりました。アメリカのＦＢＩはそれゆえに彼女を睨んでいたんですが、憲法上、表現の自由が約束されているから罰することができない。そこでアメリカ政府は、彼女が麻薬中毒であることを理由に逮捕・追及しようとする。彼女が政府の気に入らないことを歌っているがためにターゲットになるわけですが、アメリカでも黒人であればそういうことがあるわけです。

塚谷　それならば、日本社会もアメリカ社会も同じということですよね。

バラカン　アメリカでは今、表現の自由については徹底的に保護されるけど、日本は違います。

塚谷　アメリカでそういうことが起きた場合、「それはやりすぎじゃないの？」って言う人もいるわけですよね。いくら反体制的な歌を歌ったからといって、麻薬中毒で逮捕するのはおかしいんじゃないかと。

バラカン　当時は第二次世界大戦が始まるかどうかという頃だった。ＦＢＩの長官だったＪ・エドガー・フーヴァーは独裁的な人間でみんなに嫌われていたけれど、あまりにも権力が強すぎて誰も立ち向かうことができなかった。彼は何十年もＦＢＩのトップに居座った人間だから。怖い時代だったと思いますよ。

塚谷　そうなんですか。ヨーロッパを見ていると、逮捕も含めて一度はこっちに振れるんだけど、「それ、やりすぎじゃないの？」と言ったとたんに反対側に振れる感じがするんです。

バラカン　今はそうですね。

塚谷　昔は違ってたんですか？

バラカン　やはり戦前と戦後ではまず違うと思います。先ほどの話に戻るけど、六〇年代を境にだいぶ社会の常識が変わりましたね。

ちょっと脱線になりますが、今思いついたので忘れないうちに言います。日本の「常識」という言葉と英語の common sense という言葉は別物です。常識は英語にすると必ず common sense と表現されるし、逆に common sense は日本語に訳すと必ず常識と表現されるけど、英語で言う common sense とは世界共通の合理的かつ普遍的なことを指します。たとえば、火の中に手を入れればやけどするというような、人種（民族）や性別に関係なく、だれにでも当てはまるものをcommon senseと言います。日本語の常識というのはあくまで、日本の社会で日本人だけが当たり前としていることです。

塚谷 訳が間違っているんですよね。

バラカン だからぼくがさっき言った、六〇年代に常識が変わったというのはみんなが当たり前としていたことが変わったという意味です。

塚谷 英語の日本語訳って何か変なんですよね。

バラカン 要するに、言葉ってそんなに簡単に翻訳できないということです。社会が変われば概念も変わるし、ぴったり当てはまる言葉が必ずあるかと言えばそうではない。

塚谷 そうですね。common senseという言葉は日本語に訳すと社会的常識ですか？

バラカン ちょっと違うかな。

塚谷 常識というよりは、悪いことも含めて当たり前のことというか。

バラカン たとえば、道路を渡る前に車が来ているかどうか確認するというのはcommon senseで、これはどこの国に行っても変わらない。「そんなこと、言われなくてもわかるよ」というのがcommon senseです。

ヨーロッパから日本に来たら、自分が生まれ育った国とは別の常識があるから、それに慣れなければならない。これはcommon senseではなく、日本社会のルール・概念・常識ですね。

塚谷　日本人はそういうのが好きですよね。グループが持っている共通の考え方とか、日本という国が持っている共通なものにエネルギーを費やす。そこを守ろうとすることが多いですよね。自分で飛び出せばいいのに飛び出さない。飛び出したとたんに攻撃のターゲットにされるから。

バラカン　まあ、出る杭は打たれるってことですね。

塚谷　そうですよね。こいつは正しいことを言っているということで、アサンジがみんなの前に出てきて演説したら拍手して。そこではたぶん、お金を渡してる人も少なからずいると思うんですよ。

バラカン　ぼくはウィキリークスに寄付したことがありますよ。

塚谷　そうでしょうね。日本だとそういうところに誰も寄付しないし、それどころか悪口を言って陰で捕まえようとする。

バラカン　日本のメディアは逮捕された人、あるいはこれから逮捕される人間はまず悪者扱いです。あからさまに悪者とは言わないけど、ニュアンス的に悪者のように描く。海外のことだし、みんなが新聞で詳しいことまで読んだり、ネットで徹底的に調べたりしているとは限らないから、テレビで見た印象だけで判断すると悪者に見えちゃう。これはメディアの落とし穴で、世界どこでもそれは同じだと思う。ただおっしゃる通り、アサンジをめぐってはヨーロッパだったら議論が相当分かれると思います。

3 民主主義の違い

†欧州の民主主義は左右の振れ幅が大きい

塚谷　そうですよね。ぼくがオランダに住んでいたとき、アムステルダムに地下鉄をつくるということで大騒ぎになったことがあります。新しい地下鉄は空港からダイレクトにセントラル・ステーション（アムステルダム中央駅）までつなげようというものでした。この事業はある意味で国家事業といってもいいもので、ぼくも空港からセントラル・ステーションまで地下鉄がつながれば便利だし、自分の店のそばに地下鉄の出口ができたらいいなと思っていました。

でもあるとき、地下のトンネルを掘っていたら家が傾くという事態が起きました。すると、とたんに逆に振れて、「こんなものをつくるべきではない」という意見が出されたら、さまざまな議論が噴出しました。

日本ではそういうことはあり得ないですよね。ある程度決まった段階で建設中に事故が起きたとしても、もうこの事業はやめようとはなりませんよね。東京でも、調布の外環道（東京外かく環状道路）トンネル工事現場付近で地盤沈下が起きて、住宅に被害が出て問題になりましたけど、あれが大反対運動になったかというとそうはならなかった。

ところが、オランダでは「もうこんなものはやめよう。アムステルダムにこんなものは要らない」という声が上がる。一度左に振れたものが、何かをきっかけに今度は右に振れる。そのダイナミックさはすごいなと思いました。日本では、たとえば「オリンピックをやります」と言ったとたんに反対側には振れないじゃないですか。日本ではすでにつくられたシナリオがあって、一方的にその意見に収束していく感じです。

オランダの地下鉄は地域住民にしてみればある面で非常に有益なわけですが、これはもう要らないんじゃないかという論調も出て、国民的な大激論がわき起こりました。議論は右に振れたり、左に振れたりして、しばらく続きました。最終的にはつくったんですけど、こういうふうに振れていくんだなと。

バラカン　要らないんじゃないかと言われつつもつくったのなら、じゃあ日本と同じじゃないですか。

塚谷　でもそれで議論がわき上がり、その結論が出るまで建設期間が延びたのです。日本だったらそういう論調は封鎖されて、出てこないと思うんですよ。外環道の陥没事故についても、補償することで決着しようとしています。

たしかに、あれは半世紀もつくられてない道なので、地域住民からすると外環道の必要性は絶対にあると思います。そのため何とか対策してつくってほしいという声もあって、工事は続けられています。オランダの地下鉄と構造は同じですが、議論が沸く前に「補償」の話が出て、議論にすらならない。

バラカン　うやむやにされた感じですね。

日本の場合、今回のオリンピックは大手メディアが全部スポンサーになってるから、コロナウイルスの感染が拡大するまでは批判的な論調がまったくなかった。それも異様なことですよね。普通、大手メディアでオリンピックのパートナーになるのは一社だけです。新聞と大手テレビ局がすべてオリンピックのスポンサーになるというのはたぶん初めてのことで、ヨーロッパではあり得ない話です。これは日本もいけないし、それを認めるIOCもいけない。彼らはお金のことしか考えてないんですよ。

塚谷　リニア新幹線に関しても、トンネル工事で水源問題が提起されています。南アルプスのトンネル工事に伴い、大井川の水源が山梨側と長野側に流れ、大井川に水が戻らなくなり、川が枯渇するのではないかといわれています。でもだからといって、国民的なムーブメントが起こるわけでもない。

バラカン　あれは本当に要らないものだと私は思いますね。

塚谷　今は一時間半ほどで名古屋まで行けますしね。

バラカン　あれだと四〇分で名古屋まで行けるんでしょう。なんで四〇分で名古屋まで行かなきゃいけないの？　まったくナンセンスだと思います。しかも、全部磁気で走るわけですから。あの強力な磁場は人間にどんな影響を及ぼすか、ちゃんと試験してるのかな？

塚谷　試験していることになっています。山梨でずっと実験しているから、影響はないとJR東海は言ってますけどね。

バラカン　そうかなぁ。客観的な検査の結果を見たいですね。

塚谷　山梨にある実験線ではずっと人を乗せて走っているので、その結果からも安全だと言っています。

リニアの安全性への懸念で潰れたのが、まさにドイツのトランスラピートですよね。トランスラピートというリニアモーターカーを建設し、予定線までつくったところで大反対運動が起きて、結局葬り去られたんですよ。ドイツは完全に技術を持っていて、いつでもリニアモーターカーを走らせることができるんですが、本国ではそれを断念し、中国からオファーがあったので上海につくった。

バラカン　福島第一原発の事故後、真っ先に原発をなくしたのもドイツですよね。思いきりがいいのかもしれない。

塚谷　上海トランスラピートで磁気による被害が出てはいないので、あれはドイツ人の取り越し苦労というか、過剰に心配しただけだったと思うんですけど。ドイツ人は、新しい技術に対する警戒心みたいなものは比較的に強いといわれています。

日本は上が決めたことは最後まで貫きますが、ヨーロッパはいくら上が決めてもひっくり返すんですよね。

バラカン　それが民主主義です。彼らの民主主義は本当に徹底しているし、野党も強いから一つの政党がずっと安泰でいられるわけではない。ヨーロッパの民主主義国でそういう国は一つもないんじゃないかな。ロシアだったら話はまた別ですけど。だから政治家は普通の人々が言うことを無視できない。選挙で必ず勝てるとは限らないから、日本よりはもうちょっと謙虚な姿勢を持っていると思います。

†国益に適うかどうかで判断するオランダ

塚谷　民主主義と公共の福祉については、日本とヨーロッパは本当に違っていますよね。オランダに住んでいたとき、こんなことがありました。子育て中だったオランダ人の友人が、近所にやっと幼稚園が出来るので送り迎えが楽になって助かると言って喜んでいたのです。そのときに、「できるまでに近所の住民と揉めて、結局一年遅れた」と言ってました。

彼の話によると、幼稚園の予定地で周りの住民が「幼稚園が出来ると子供がうるさくて迷惑だ」といって裁判を起こしたそうなんです。

バラカン　日本でもよくある話ですね。

塚谷　その裁判で、裁判長は幼稚園ができることで、「その地域に職員、教員の雇用が新たに生まれるので経済的に良いこと」「子供に健全な教育環境を整えることは地域社会の義務であること」「健全な教育を子供に受けさせることは、将来の国益になること」などを挙げて、原告敗訴を言い渡したのです。個人の権利とエゴの違いをきちんと判断したから、幼稚園が出来ることになったのです。

そして裁判長は、訴えた近隣住民代表に、「そんなに子供のうるさいのが嫌なら、別の場所に引っ越しなさい」と言い含めました。でも結果的に、近隣住民は一人も引っ越さなかったそうです。

日本で同じような裁判が起こったら、近隣住民の主張が勝って、幼稚園が新たに出来ることはないでしょう。近隣住民のエゴが勝って、民主主義の根幹である将来を担う子供の教育の機会をつぶすことは、国益を損なうことは明白と思うのですが。オランダの幼稚園騒動の結論は、民主国家での至極当たり前の結論だと思います。

バラカン　日本では逆に幼稚園や小学校の近くに引っ越してきて、それからうるさいって言いだす人がいるんですよね。

塚谷　そういえば、オランダでこんなこともありました。オランダ人の仕事仲間が朝になっても職場に出てこなくて、どうしたのかと心配してたら電話がかかってきて、「昨晩から明け方まで警察署にいたので今日は休む」というのです。

いったいどうしたのかと心配して、次の日に事情を聞きました。彼の末娘は、ベッドで「高い！　高い！」をすると喜ぶので、寝る前にいつも通りに、上下に上げ下げしてあやしてたら、いきなり自宅の二階の部屋に警察官が三人入ってきて、取り押さえられて訊問を受けたそうなのです。あやしている姿を隣の住人が見ていて、「虐待だ」と警察に通報したんです。

隣の住人からは、以前から子供の声とか音がうるさくて、騒音だと言われてこれまでも何回かクレームを受けていたそうです。虐待を疑われたときに、警察署でこうしたことが過去にあったと話したら、「そういう事情があったのか」とわかってくれて、解放されたそうです。

子供に対するイジメ、虐待はヨーロッパでも大きな社会問題で、話題になることが多いんですが、子供は社会の構成員で、人権が認められて親から切り離して扱われています。そもそも、子供の健全な成長は国益に沿う守るべき社会の最重要な事項ですよね。日本ではある年齢までは親の一部、持ち物的な扱いになっていて、虐待・いじめは犯罪であるにもかかわらず警察、司法が出てくることがないので犯罪だという意識もない。日本もオランダのように虐待を犯罪として警察が処理すれば今後の悲劇はほとんど解決できると思いますが。

†日本の民主主義は振れ幅がほぼない

バラカン　世界の中でも、民主主義国では日本のように自民党がこれだけ長く独裁的な政権を取り続けている国はない。一時期のメキシコもそうだったけどひっくり返りましたね。今、共産圏は別として、日本以外でそういう国はありますか？

塚谷　少なくとも、私の知っている限りはありませんね。一時期のイタリアでも比較的に長くキリスト教民主党が政権をとりましたが、あれも完全に変わりましたし、インドの国民会議派も長いこと政権をとっていましたけど、やはり瓦解してしまいました。スウェーデンの社会民主労働党が日本の自民党に似た一党優位ですが、自民党よりも下野している期間は長い。ドイツのキリスト教民主同盟（CDU）も長く政権を担っていますが、ときどきドイツ社会民主党（SPD）に政権交代しています。

バラカン　次はどうなるかわからないと。

塚谷　そうなんです。現にドイツのCDU／CSUは先日の選挙で負けてメルケル政権は終わりました。世界的に見て、日本の自民党が圧倒的に強いことは間違いないですね。

バラカン　かたちのうえでは議会民主主義になっているんですけど、投票率もすごく低いし、じゃあこれは本当に民主主義なのかというと、ちょっと疑問ですね。

塚谷　日本には政府与党という変な表現がありますよね。政府与党という言葉は他の国にない。政府と与党は本来別物じゃないですか（笑）。

バラカン　日本はずっと一党優位政党制だから、特にタチが悪いんじゃないかな。

塚谷　ヨーロッパでは世論が右に振れたり左に振れたりするから、世の中が変わっていく。でも日本ではそれがないから変わらなくて、ヘコんでいくだけで。

バラカン　どこの国でもそうですけど、長期政権が続くと腐敗していきますね。

塚谷　今は経済的に上がっていくという希望が持てない。

バラカン　これは難しい話だけど英語で言うところの economic miracle、つまり高度経済成長の時代は、世界的な感覚から見れば異常だったと思うんです。日本は戦争に負けてずたずたの状態でしたが、ものすごい努力でどんどん右肩上がりで進んでいった。それにしても、最後の八〇年代の一〇年間というのは、どう見ても異常だったと思うんです。それは最近の中国によく似ているんですけど、あの時代の東京で生活していて、これがいつまでも続くとは思えなかったです。

『ジャパン・アズ・ナンバーワン』とかああいう本が話題になりましたが、ぼくはそうかなと思ってました。案の定、九〇年代に入って崩壊したわけですが、あまりにも経済が膨れ上がりすぎたからこそ、停滞したんだと思います。高度経済成長時代をつくった日本の社会システム、たとえば終身雇用とか年功序列とかそういうものが全部、あのバブルが崩壊したことによって「本当にこれでうまくいくの？」と問われたんだと思います。それに代わる答えはいまだに出されていない、とぼくは感じますね。

塚谷　まさにその通りですね。日本人は集団でやることに秀でていて、手先も器用です。あとぼくはけっこう学校を遅刻したり休んだりしてたんですけど、日本の学校では無遅刻・無欠席だと皆勤賞ということでみんなに褒められるんですよ。一年間無遅刻・無欠席で勤勉だということです。ぼく自身はそういうのに縁はなかったんだけど、勤勉に仕事をする、勉強をすることは褒められたのです。

実社会でもそれと同じで、たとえば工場労働者の場合、毎日朝九時に行って夕方の五〜

七時までしっかり仕事する人が一番評価されます。無遅刻・無欠勤であることは、産業構造や生産ラインがきっちりしてて、労働集約型で時計や車をつくっていた時代にうまく適合した。それは日本人の行動様式とぴったり合ったのです。無遅刻・無欠勤で朝から晩まで働き、なおかつ手先が器用だからいいものができたわけです。

バラカン　なぜそんなに手先が器用なんだろうね。これはいつも言われるけど、何か理由があるはずだと思います。それがわからないなぁ。

塚谷　手の大きさですかね。指が細いし。

バラカン　でも、それだったらアジア人はみんな手先が器用なわけですね。

塚谷　あるいは、箸を使ってるからかもしれない。ナイフとフォークよりも、箸を持ってものを食べるほうが難しいですよ。ぼくはいまだに箸をうまく使えなくて「なんでそこ、箸がクロスしてるの?」って言われます。

†細かいことにこだわるから良いものができる

バラカン　たしかに日本人は手先が器用だと思うけど、これは国民性というものではないはずだから、どこかに理由があるはずです。

塚谷　でもヨーロッパでも手先が器用な人はいますよね。キルトの作家なんて、よくあんなに細かいものをつくれるなと思いますよ。

バラカン　スイスの時計職人もそうですね。

塚谷　百姓というのは百の姓と書きますよね。農家の人によると、あれはもともと褒め言葉だったそうなんです。たとえば今日は竹でかごをつくり、明日はわらで縄をなう。その縄とわらを使ってわらじを編む。あるいは今日は鍬を自分でつくる、明日は金属を叩いて鶴嘴《つるはし》をつくる。そういうふうに百の仕事ができて万能であるという意味だから、実は褒め言葉なんだと。百のことができるということは、かなり手先が器用でないとできないですよね。

バラカン　コメをつくるには何でもできなければいけないから、何でもできるようになったということかな。勤勉さで思い出したんですけど、海外でよく「日本人はグループの中で指示を与えられれば勤勉に長時間一生懸命働く。でも指示がなくなると何もできない」と言われますよね。たとえば何か問題が起きて、自分の判断で決断しなければならない場合、どうしていいかわからなくて右往左往してしまう。そういう話をずいぶん聞いたことがあります。

塚谷　それは一面の事実だと思いますね。

第二章 バラカンが戸惑った日本と日本人

1 「あと一〇日で日本に来い」

†日本行きのきっかけは夕刊紙の求人広告

塚谷　ぼくは会社の意向でヨーロッパに渡ったのですが、バラカンさんが日本に来たのはどういうきっかけだったのですか。

バラカン　ぼくの場合は突然のことで、日本語学科を卒業して特に日本に行こうと思っていたわけではなかったんですよ。全然そういうことは考えてなくて、何をしたいかもはっきりわかっていなくて、音楽関係の仕事をしたいということしか考えていませんでした。

イギリスでは大学を卒業すると、親のお世話になるわけにはいかないという一般的な感覚があるから、一本立ちしなきゃいけない。少なくともあの頃はそうでした。今は物価が上がりすぎて金銭的に無理な場合が多いのでちょっと変わってきましたが。じゃあ何か仕事を見つけなくちゃということで、分厚い夕刊新聞、後ろ半分が全部求人広告になっているのをめくりながら、音楽関係の仕事はないかなと思って見ていたら、レコード店が募集していました。それですぐに電話して面接に行ったら、「じゃあ来週から来てください」

ということになったのです。それでレコード店に入って、九カ月ぐらいしてちょっと飽きた頃、「どうしようかな。何か違う仕事に移りたいな」と思っていたタイミングで、毎週とっていた業界紙の求人欄に日本の音楽出版社の求人広告が出ていたんです。

塚谷 日本の音楽出版社がイギリスの雑誌に広告を出してたんですか？

バラカン そうです。あとになってわかったんですが、海外の音楽出版社と英語の手紙のやり取りができる人間が欲しかった。三年半ずっと漢字の詰め込み勉強ばかりしていたので、卒業して間もなくは漢字の一つも一生見たくないと思ってて（笑）。でもそれからもう一年近く経っていたから「そうか、日本か。そういう可能性もあるかもね」というぐらいのつもりで手紙を出したんですよ。

塚谷 日本語で出したんですか？

バラカン いや、英語です。ロンドンの別の音楽出版社が手紙の宛先になっていて、そこが日本の音楽出版社に転送したんでしょうね。その会社の人が日本から出張でロンドンに来たとき、ホテルのロビーで面接して、二次面接として日本料理の店で一緒に食事しました。それで別れるとき、「まだ採用するかどうかわからないから、連絡します。でも一つだけはっきりさせておきたいことがある。もし採用するとしても、君がちょっと日本語ができるということは関係ない。こっちが求めているのは英語ができる人間だから」と言われて、日本語ができることが有利に働くのではないと理解しました。

求人に応募して面接を受けたのはぼくのほかに十数人いたんですよ。日本語が必要なわけじゃなく、その求人広告にも「二、三年東京で働きたい若いイギリス人を求める。経験より情熱を優先する」みたいなことが書かれていて、日本語の知識は関係ないんだったら、あまり見込みがないかもしれないなと思った。それから一ヵ月ぐらい何の音沙汰もなかったので「ああ、これは駄目だ」と、「まあいいや、また何か探せばいい」と考えていた矢先、突然電話がかかってきて「あと一〇日で来られないか」と言われたんです（笑）。

塚谷　それは日本っぽいやり方ですね（笑）。

バラカン　だから後で「先が思いやられるな」って思いましたけど、まあとにかく「はい、行きます」という感じで、急いで身辺整理をしなきゃいけなかったから、悩んでる暇がなかった。たしかに一応、思いきりは必要ですけど、貯金もゼロだったので出発の前の日まで仕事していました。ぼくは車を持っていなかったので、友人に車でわずかな荷物を母の家まで運んでもらいました。

†日本語学科を選んだのは語学に興味があったから

塚谷　バラカンさんは大学でなぜ日本語を選ばれたんですか。日本語学科がある大学で日本語を選んだオランダ人やデンマーク人、ドイツ人と話していると多少日本人的な感覚があって、異端児的な感じもするのですよ。だからもしかしたらバランカンさんも、イギリスの社会の中でやっていくのが辛くて日本語を選んだのかなと思ったんですが。

バラカン　いや、基本的に語学に興味があったというのが大きいですね。あとぼくの場合は頭が悪いわけじゃないけど、作文が苦手でした。たとえば大学の経済、哲学、歴史などの学科では本をたくさん読んで、エッセイやレポートを書かなくちゃならないけど、ぼくはそういうのが大の苦手なので、そもそもそういう勉強が選択肢にすら入っていませんでした。今は皮肉なことに、けっこう文章を書くようになりましたけど。語学だったらある意味、高校の延長のようで自分にとってちょっと楽な感じでした。

あと、言葉を学ぶというプロセスも割と好きでした。だから日本語というよりも語学、しかもちょっとチャレンジでもある語学というのが魅力でした。

塚谷　記憶力がいいんでしょうね。そうでないと普通、そっちに行かないから。

バラカン　でもたぶん、ぼくは変わり者ですよ。変わり者でなければあんなことはしない。

塚谷　バラカンさんは日本語の学習をスタートした時点で、外国にかなり憧れがあったということですよね。そうでなければ日本語なんて絶対に選択しないと思うし。

バラカン　旅は好きだったけど、ぼくが大学に入ったのは六〇年代の終わりで、お金もなかったからあまり遠くには行けなかった。ぼくは日本に来るまで、ロンドンから一番遠くに行ったのはイスタンブルです。アテネまで飛行機で四時間、乗り換えてさらに一時間かかった。夏休みをギリシャで過ごして、そこからちょっと足を延ばしたんですけど、その当時はアジアには行ったことがなかったです。

塚谷　イスタンブルは小アジアというか。

バラカン　ヨーロッパとアジアの境目ですけど、距離的にはほとんどヨーロッパかな。中東にもインドにも行ったことがなかったし、アメリカにも行ったことがなかった。

塚谷　おそらく、最初からそういう心構えがバラカンさんにはあったんだろうなと思います。ぼくの場合、兄がアメリカで大学院まで行って、そのまま住み着いて奥さんもアメリカ人なんですよ。それで日本じゃないほうがいいのかなと漠然と考えてて、兄がアメリカだからぼくはヨーロッパにしようかなと。

バラカン　ぼくの場合は急に就職の話が降ってわいた感じですから、何も計画してなかったですね。

塚谷　普通なら「日本なんて遠いからやめよう。ロンドンのほうがいいや」と思うだろうけど、それを思い切って出てきたというのはやはり、外に対する憧れがあったのかなと思われるのですが。

バラカン　言葉を学んでいなければ、たぶんその求人広告を見ても反応しなかったと思いますし。

塚谷　最初からある意味でインターナショナルですよね。

バラカン　振り返ってみれば、という感じですね。

†敬語で理解した日本のタテ社会

塚谷　バラカンさんは著書『ラジオのこちら側で』（岩波新書）の中で、日本の人間関係は「タテ社会だった」と書いています。

たしかに、日本では会社でも上層部から話が伝わってくるし、上から命令されるタテ社会ですが、ではヨーロッパはヨコ社会なのかというと、ぼくはヨーロッパにいたときから、あまりヨコ社会だと感じたことがないんですよ。上から指示がくれば従わざるを得ないんですが、ヨーロッパではヨコとの関係が割と薄くて隣の人が何をやっているのかよくわからない。

たとえばヨーロッパでは、ある人が夏休みに入って三週間休みになるとその仕事がパタッと止まる。日本だとそういう場合、隣の人が面倒を見るとか、あるいは課長が「ああ、その件については聞いてます。彼は休暇で休んでいるので、全部ぼくがやります」ということになるので仕事が止まることはない。でもヨーロッパでは夏休みとか、あるいはスキーに行っていないとかそういうことで仕事が全部止まっちゃう。だからぼくは、ヨーロッパがヨコ社会という感じがしなくて。

バラカンさんは日本でタテ社会が嫌だとか、やりにくいとか思ったことはありますか？あるいはヨコ社会のほうがいいとか、そのあたりどう考えているのでしょうか。

バラカン　ヨーロッパではみんな勝手に行動していて、その人がいないと仕事が止まっちゃうというのはおそらくあると思いますが、それはタテヨコとはあまり関係がなく、ぼくが言うヨコ社会というのは、みんな平等ということです。

日本のタテ社会の一つの現れとして敬語がありますよね。たとえば兄弟についても、日本人は当たり前なこととして兄と弟の区別をする。だから物事がすべて上下に並ぶ感じです。

ぼくはヨーロッパの会社で働いたことがないまま日本に来ました。日本でも会社勤めをしたのはほんのわずかで、性に合わないので結局フリーで仕事をしていますけど。ヨーロッパの会社で仕事をめぐって何か意見の食い違いがあれば、仮に相手が上司だったとしても「でも私はこう思います」という主張をするだろうし、その人の主張が理路整然としていれば通る可能性だって十分にあるはずです。

でも日本の会社ではまず、上司に対してそういう主張をしない。少なくとも、ぼくが来た七〇年代にはそんなこと誰もしなかった。みんな上から言われた通りに行動していて、波風を立てない。それがぼくの印象です。

塚谷　つまり、日本の社会には上下関係があると。敬語があること自体、たしかにタテ社会ということですよね。

バラカン　まあ、それは日本に限ったことではなくて、例えばバリ島でも三段階ぐらいの敬語があるそうです。

塚谷　ちょっと話がずれますが、ヨーロッパにも丁寧語はありますよね。

バラカン　ええ、ありますよ。言い回しが変わるんです。

塚谷　それを敬語とは言わないんですか？

バラカン　日本では「言う」という言葉についても、「おっしゃる」「話す」「申す」「申し上げる」といくつものレベルがあるじゃないですか。しかも日本人は相手を見て、瞬間的に敬語のレベルを変えますよね。

イギリスの英語だったら、Would you be so kind as to~?（していただけますか？）ということは言いますけど、それは自分より目上の人だからということではなく、知らない相手に対して何か面倒くさいことを頼むとき、そういう回りくどい言い方をします。だから丁寧語はありますけど、日常ではそんなに使わない。

塚谷　ぼくはその丁寧語と敬語がごっちゃになってました。だからヨーロッパにも敬語があるじゃないかと思ってたんですけど。Could you~? とか Would you~? とかよく使うんで。

バラカン　あと your majesty（陛下）とか your highness（殿下）とかそういう言い方もあります。裁判官に対しては your honour（閣下）とか。言葉そのものが変わるんじゃなくて、自分が喋るときの態度がそのぶんちょっと遠慮深くなるということはある。

塚谷　それは丁寧語ですね。敬語とは違う。

バラカン　どちらかと言うと、態度で示すということですかね。だからまったくないわけではない。

塚谷　日本では敬語を使わなきゃいけない場面がすごく多いし、敬語によって上下関係が一気につくられますよね。でもヨーロッパにはそういうのがない。

バラカン　少なくとも言葉のかたち上はほとんどないけど、どこの国でも遠慮深さを見せる表現はあると思います。日本の場合、社会そのものがタテの構造になっているので、昔からそういうかたちができあがっているということでしょうね。

塚谷　でも日本人はそこまで意識してないですよね。

バラカン　その社会で生まれ育った人にとってはあまりにも当たり前なことだから、まず意識することはないと思います。翻訳をやっている人だったら意識するかも知れませんが。

塚谷　ぼくはそういうことを完全に意識してなかった。ヨーロッパにも丁寧語はあると思ってたんですけど、それは人に何か面倒なことなどを頼むときだけなんですね。「お願いします！」というときにCould you～？とかWould you～？とか言うけど、後はお互いに言わない。

†会社員のときは定時で帰っていた

バラカン　たとえば日本の会社では勤務時間が九時から五時とか決まっていても、誰も定時で帰ろうとしない。あるいは少なくとも、自分の上司が帰るまでは何となくいないとまずい。そういうところがあるじゃないですか。

ぼくは会社員のとき、六時になるとすぐにガチャッとタイム・カードを押してさっさと帰っていました。外国人だったからそれが許されるというか、誰も変には思わないみたいだったけど。ぼくはそういう日本の暗黙のルールを全然知らなかったし、わざわざ自分の時間を切り落として、やることもないのに会社にいなくちゃならないのはおかしいなと思っていた。

ぼくは自分に与えられた仕事をいつもてきぱきとやっていて、やらなくちゃならないことは時間内に終わるようにして定時に帰っていました。それはぼくにとって逆に当たり前のことでした。でも会社には八時とか九時まで、たいしてやることもないのにずっと残ってる人がいっぱいいいて、これはとても効率が悪かったと思う。

塚谷　オランダでもデンマークでも、中には残業を一生懸命やる人もいるんですよ。そういう人たちって上に行こうというエネルギーがすごく強くて。

バラカン　ヨーロッパは昇進するのが早いですよね。

塚谷　ええ、三〇代で取締役とかいますし。

バラカン　大卒で入って一年、二年ぐらいでどんどんポジションが上に行って、けっこう責任も与えられます。

塚谷　そういう人たちは五時には帰らないと思いますね。部下がやらなかったことを自分がやって七時、八時まで会社にいる人もいるし。

バラカン　それは珍しいですね。どこの国？

塚谷　スウェーデンやオランダにいましたね。すごく責任感が強い人でした。

バラカン　イギリス人ではまず、そういう人はいないと思うけど。五時半にはみんなパブにいるから（笑）。

塚谷　しかも彼は日本人とは違って強烈な体力がある人で、たぶんバイキングの生き残りだと思うんだけど、疲れを知らないんですよね。だから日本人はかなわないだろうなと。

バラカン　じゃあ例外的な人なんだね。

塚谷　そうですね。だからたぶん、数百人に一人ぐらいはヨーロッパにもそういう人がいると思いますよ。

バラカン　そういう例外的な人から判断しちゃだめですよ（笑）。そこで日本人みたいな人がいると思ったんでしょ。

塚谷　そうなんです。「仲間がいてよかった！」と思って（笑）。それはさておき、今のお話をうかがって、タテ社会の意味がわかりました。

2　人の発音を直すイギリス人

†英語の表記にカタカナを使わないほうがよい

塚谷　今の話と全然関係ないんですけど、ぼくはデンマークでホーシーアナセンというストリート（Hans Christian Andersen's street）、つまりアンデルセン通りに住んでいたんですよ。デンマークではDを発音しないのでアンデルセンは「アナーセン」と言う。だからタクシーに乗っても「ホーシーアナセン四六番」という言い方をします。ぼくが「アンデルセン」って言うとかえって「えっ？」と言われて。たとえばジョージ・ジェンセンという銀製品のブランドがありますけど、あれは「ジェン」と言わずに「ギオヤムセン」と発音します。そういうのがたくさんある。

バラカン　ぼくがポーランドに行ったとき、ワルシャワを「ウォーソー」と言うのは別として、クラクフという地名について、ポーランド人は英語話者に対して「クラカウ」って言うんですよ。彼らは、英語話者はみんなそう言っているだろうと思って、あえてそういうふうに言ってくる。

塚谷　たしかに違いますよね。

バラカン　ぼくが二〇〇九年に出した『猿はマンキ お金はマニ――日本人のための英語発音ルール』という本がありました。それを一部改訂して『ピーター・バラカン式英語発音ルール』（駒草出版、二〇二一年）として最近刊行しました。この本の後ろのほうに英語圏のファースト・ネイムとその発音をかなり分厚いリストにして記載しました。あまりにも人の名前がでたらめに表記されることが多いので、そのガイドになればと思って。

塚谷　それはやはり、英語を表記するときのカタカナの書き方がおかしいということですよね。

バラカン　まあ、カタカナを使うからおかしくなるんですね。あと、日本人が英語を話そうとするときの大きなハンディの一つが、中国語や韓国語にある「ぅ」(「あ」でも「う」でもない音)という音がないことです。英語で一番使う母音はたぶんこの「ぅ」だと思うんです。これはいい加減な音なんだけど、日本人はそれを習っていないと思います。書くときもカタカナにはそういう発音がないからどうしてもおかしくなっちゃう。

塚谷　その解説がしてあるわけですか。

バラカン　そのことも書いてますし、その他にもいろいろ書いてあります。教科書ではないから、できるだけ読みやすくしてあります。英語話者に通じる英語を話したいという希望のある人に向けて、発音をこういうふうにすればもっと通用しますよ、ということを示した簡単な本です。

塚谷　日本の英語教師があいまい母音と教えているものですね。eを逆さにしたような発音記号で(ə)。

バラカン　そうそう。でもぼくはこの本では発音記号は一切使ってない。アルファベットでわかりやすく表記しているんですけど、əはアスタリスク(*)にしてるんです。表記のしようがないから。

塚谷　それは、カタカナをもうちょっと英語に近づけたほうがいいということですか？

バラカン　いや、本当はカタカナを使わないほうがいい。カタカナを使うと余計な母音がいっぱい出てきます。英語の言葉って子音で終わるのが多いですよね。日本語の場合、「n」以外はどうしても子音の後に母音が付く。それが「i」とか「o」とかけっこう強い音だから、英語話者にそのまま言うと何を言っているのかわからないというケイスがすごく多いんです。

カタカナ英語は通用しない

塚谷　ぼくもカタカナ英語で言ったら全然通じない単語がいっぱいありました。

ウィーンに行ってカフェに入ったとき、ウェイトレスに「ウィンナ・コーヒーちょうだい」って言ったら「えっ？」という顔をされて、そこで「ホイップクリームがのったコーヒーで」って説明したら「ヴィエネーズ・コーヒーでしょ」と言われた（笑）。

バラカン　ウィーンは英語では「ヴィエナ」だからね。

塚谷　あと日本ではチボリ公園って言うんですけど、現地に行ったら「ティボリ（Tivoli）だろ！」と言われて（笑）。

バラカン　まずTは日本語にするとCHに変わって、Vが「ビ」で、Lがラ行になる。英語的にすごく難しいから、その三ヵ所でわからなくなっちゃう。

塚谷　日本語英語で言ってもまったく通用しないんだなと思って、苦労したことがあります。そのときには勉強になるんですけど、ああそうかと思って。

バラカン　そうですよ、失敗するから勉強になる。それで学んでいくものだから。ぼくは日本に来て、それとは逆のことをやっているからね。ぼくの日本語のイントネイションは今でも時々間違うことがありますが、最初来た頃はめちゃくちゃでした。でもみんな、外国人だからしょうがないと思ってるので、直してくれる人がめったにいなかったです。直してくれないとこっちも勉強にならないから、いつまでも悪い癖が続くんですよね。

塚谷　じゃあ、ぼくがウィンナ・コーヒーを頼んだときの喫茶店のウェイトレスは親切だったということですね。

バラカン　イギリス人は特に、意地悪と思われるほど人の発音を直すんですよ。そこでは「ほっといてくれ」と言いたくなるだろうけど、直されて初めて自分が間違っていることがわかるわけです。

塚谷　ぼくはウィンブルドンでレストランをやっていて、そのときに何人か仲よくなった人がいて。そのうちの一人の家に行ったらたまたまCNNのニュースが流れていて、ぼくが「CNNイナナショナルだ」って言ったら笑われて「インターナショナルだろう！」って言われたのです。ぼくはアメリカ英語とイギリス英語がそれほど違うということを知らなくて、何だかアメリカ英語を馬鹿にしているように感じました。

バラカン　ぼくの娘は東京生まれでずっと日本のインターナショナル・スクールに通っていたから米語なんです。それでイギリスにもう一〇年以上住んでいますが、アメリカのアクセントなので最初はずっと冷やかされていた。まあ、みんな別に悪気はないんだけど。

話しているのがアメリカ人だったら別に何も言わないと思いますけど、アメリカ人じゃない人がアメリカのアクセントで英語を話すことに対する違和感はあると思います。

†「日本語ではこうなっていますから」にビックリ

塚谷　たとえばvillageはカタカナでは「ビレッジ」と書きますけど、「ヴィレッジ」とも書きますよね。そういうことを日本で体験したとき、自分が言っている言葉と表記されている言葉に違いがあることで、ストレスを感じませんでしたか？

バラカン　ストレスというよりもフラストレイションですかね。ぼくの今度出す本にも書いてあるんだけど、大学で日本語を学び始めたときにこんなことがありました。

大学でカタカナを覚えたてのとき、イギリスの地名や名前をカタカナで書けという授業があったんですよ。ロンドンの一番の目抜き通りであるOxford Streetをカタカナで書けと言われて。ぼくは発音通り「オクスフド・ストリイト」にしたんですけど、そうしたらバツが付いた。そこで「なんでバツなの？」って聞いたら日本人の先生に「オックスフォード・ストリート」と書けと言われました。「それはおかしい。全然発音と違う」と言ったんですけど「いや、日本ではこうなってますから」と言われて「ああそうか」と思って。今思えば嫌な予感がしたんですけどね（笑）。

塚谷　日本では明治時代ぐらいからカタカナで英語を表記するようになったんです。

バラカン　みんな発音を聞かずに字面だけを見て書いちゃうから。ぼくは今度の本で「毎日これを繰り返しなさい」というマントラをもうけました。それは「ローマ字は英語ではありません」というものです。日本人はローマ字イコール英語だと思い込んでしまっているので、毎日「そうじゃない」ということを言い聞かせないと、ついついローマ字読みで発音してしまう。英語はローマ字と関係ない。ローマ字はあくまで、日本語を知らない外国の人たちに日本の言葉を伝えるための表記方法なんですよ。

塚谷　でも日本人から見て、日本語が英語になっているのも多少はありますよね。たとえば「テリヤキ」とか「サケ」とか「スモウ」とか。相撲は「スモー」（「ス」にアクセント）って言われるし、「サケ」は「サキ」と発音される。

バラカン　カラオケ（karaoke）は「キャリオウキ」になるし。

塚谷　そうそう、日本とは発音が全然違うじゃないですか。ぼくはそれを聞くと「えっ！」って思うけど、「ああそういうものなんだな」と思いますね。それはしょうがないんだなと。日本語が英語になっているのはそんなに多くないけど、その逆はたくさんありますよね。

バラカン　ありすぎです。そこまで外来語を使わなくてもいいですよ。日本語の言葉があるのに、なぜそれを使わないでわざわざカタカナ外国語を使うのかなと思うことが多いです。

†政府はケチで文化にお金を出さない

塚谷　漢字・漢語がもともと中国から来てるから、日本語英語もあまり気にならないのかもしれないけど。

バラカン　いや、でも大和言葉はたくさんあるじゃないですか。使おうと思えばいくらでもある。

塚谷　そうなんですよ。ヨーロッパの人たちは本当に自分たちの文化を守ろうという意思が強いけど、日本はそれほどではない。たとえばオランダ国立オペラの団員にしても国家公務員だから、国から給料をもらっています。民間に任せると、経営が成り立たなくなってつぶれちゃいますから。

教会もそうですね。たとえばドイツ人は教会税というのを払っていて、教会を維持しようとしている。パイプオルガンなどの維持やメンテナンスも、すべて税金でまかなっています。だから文化を守ろうという意識がすごく強いんだけど、日本はあまりそういうのがない。なくなったらなくなったで終わり、みたいに感じますよね。

バラカン　うーん、少なくとも政府は文化に対してケチですね。

塚谷　文化には厳しいですよね。ヨーロッパの人たちは自分たちの文化に誇り、プライドがあるというか。

バラカン　日本もプライドはあると思うけどね。

塚谷　日本は国内市場が中途半端に大きいので、補助金を付けて文化を守ろうとしなくても、楽団員などは何とか食べていけてしまうところがあるんでしょうね。オランダの人口は東京と千葉の人口を合わせたぐらいで一八〇〇万人ぐらい。ですから、たとえば楽団員や役者を養うためには税金を使うしかない。

話は戻るんですが、日本語のカタカナの表記に大きな問題があることは間違いないんですが、そもそもヨーロッパのいろいろな言語を見ても、綴りを見て発音をそのまま読めない例外的な言語が英語だと思うんです。ほとんどの言語は書いてある文字の通りに読めば、たいてい発音は合っています。

バラカン　そうですね、フランス語にしても、最後の子音が発音されるかどうかはケイス・バイ・ケイスですが、それ以外はほとんど簡単なルールを覚えれば全部わかる。ドイツ語もスペイン語も、イタリア語もそうですね。英語は本当に例外だらけです。

例外だらけの特殊な言葉が世界標準の言葉になっているわけで、英語はいろいろある言語の中で一番苦労する言語だと思ってます。

†日本語は英語に訳せない言葉が多い

バラカン　ぼくが日本に来てすぐの頃、「よろしくお願いします」が何を意味するのか、まったく理解できない言葉でした（笑）。

塚谷　たしかに、ヨーロッパにはそういう言葉はないですよね。

バラカン　そう。だから最初は自分で言うのが気持ち悪かった。今はもう、さすがに何十年も日本にいるから何も考えずに言いますけど、これは何のために言うのか、何を意味しているのか、とにかく理解できない言葉でした。

塚谷　バラカンさんが「よろしくお願いします」っていつも言っている裏で苦しんでいたとは（笑）。

バラカン　海外から日本に来た人は、ぼくと同じようにそのことで一度は悩むと思うんです。だって訳せないでしょ。これは英語でどう言えばいいのか、いまだにぼくはわからないし訳せない。他にも「お疲れさまでした」とか「ご苦労さまでした」とか、そういう挨拶の言葉はたくさんありますけど、これもThank youとか味気ない訳しかないと思うんです。

塚谷　あとはHave a nice day. とか。まあ「頑張ってね」みたいな感じですね。

バラカン　See you tomorrow. とか（笑）。そういうのはまだかろうじて訳せるけど、「よろしくお願いします」はいまだに訳せない（笑）。でも「よろしくお願いします」は日本社会の重要な接着剤・潤滑油ですよね。あの言葉をなくしたら日本人はみんなどうするんだろう。えらく困ってしまいますよね。

塚谷　この言葉については、ヨーロッパやアメリカの人たちに説明が付かないですよね。

バラカン　今はだいぶ慣れてきていますけどね。ぼくが日本に来た当時、会社の仲間で飲みに行くじゃないですか。もちろんヒラ社員同士だったら割り勘なんだけど、ぼくがまだ来たばかりの頃は「お前は払わなくていい」というようなことも時々ありました、たとえば課長とか部長が一緒だとその人が払う。ヨーロッパの貴族の言葉でnoblesse obligeというのがあるんだけど、日本にも多少そういう感覚がある。今は上司が部下を誘って飲みに行こうとすると、ハラスメントと言われる時代になってきましたけど。

塚谷　ポーランドに行くと上司が払ってますね。金持ちが払うみたいな感じで。

バラカン　社長だったらそりゃ払うでしょ。

塚谷　でも、オランダ人は社長であっても払わないですね。

バラカン　割り勘って英語で何て言うか知ってます？ Going Dutch ですよ（笑）。

塚谷　あれって馬鹿にしてるんですか？

バラカン　いえ、普通の言い方です。たとえばイギリスでぼくが「今日、俺が払うよ」と言ったとき、相手が「いやいや、Let's go Dutch」と言えば「割り勘で行こうよ」ということです。

塚谷　じゃあ、馬鹿にしてる言葉ではないんですね。

バラカン　というか、オランダ人は当たり前なこととして割り勘にするということですよね。

塚谷　そういえば、オランダ人とはいつも割り勘で、おごってもらったことはないかもしれない（笑）。そのへんは本当に徹底してますよね。

3 「お疲れさま」としか言わない日本人

†電線が町の景観を悪くしている

塚谷 ぼくはオランダのアムステルダムに住んでいて、デンマークではコペンハーゲンに住んでいました。ロンドンではウィンブルドンでレストランをやって、ブラッセルでも一店舗オープンした。あとドイツではミュンヘンとデュッセルドルフでお店をやりましたが、どこもそれぞれいい都市だった。一番長く住んでいたのはアムステルダムですけど、あそこは住んだ中で一番いい都市で、緑がすごく多い。家の周りを散歩していても緑ばっかりで。あと一つひとつの部屋が広くて、小さい部屋がないというか。

バラカン 家は古いでしょう。

塚谷 ええ、一〇〇年以上の家もざらで。一番古いのは三〇〇年ぐらい前に建てられたものでしたけど、それぞれ広くて天井も高くて。最近は行ったり来たりですが日本に帰ってきたら、都内ですけど狭いし、天井は低いしで、生まれてから三〇年以上住んでいたのに、違和感さえ覚えました。バラカンさんはイギリスで生まれ育って日本に来て、東京で生活をされたわけですが、そこで嫌なことというか、東京は住みにくいと感じたことはありますか？

バラカン　東京は過密都市で地価も高いし、住宅事情はしかたないですね。もちろん「狭いなぁ」と思ったことはありますけど、自分の住むところだからそれは我慢しますよね。それよりもぼくは、街を歩いて景観が悪いと思いました。まず電線が全部出ているでしょう。あの醜さはちょっと耐えがたいと思った。最近は慣れていてついつい忘れることもあるけど、あれはちょっと悪すぎますね。

それからもう一つ。最近は建築にずいぶん多様性が出てきてビルや住宅もましなものが増えましたが、ぼくが七〇年代半ばに初めて東京に来たとき、建築が建物として機能はしてるけど、美的価値はゼロだと思いましたね。こう言うとちょっと嫌な奴と思われるかもしれませんが、本当にひどかったですね。オフィス・ビルはみんな同じに見えたし、街の景観も悪い。

塚谷　仕事をしていて、東京を出て他に行こうかと思ったことはありますか？

バラカン　ほんの短い間だけ。ぼくに限らず、西洋から日本に来て住む人はだいたい二年目ぐらいに、そういう倦怠期が訪れるらしいです。そんなことは知らなかったんだけど、ぼくもまさしく二年目ぐらいで何もかも嫌になって、もうやめようかなと思った時期が半年ほどありました。それを乗り越えたらさほどでもなくなったんですけどね。

塚谷　どうやって乗り越えたんですか？

バラカン　今思えば不思議なんですけど、ロンドンにいる母親に手紙を書いたんです。自分のそのときの気持ちを全部書いたら、彼女から返事が来て「なるほど、その気持ちはわかるよ。でも変わったのは日本じゃなくて君だよね」と書いてあった。それを読んで、たしかにそうだな、日本は何も変わってない。去年は何もかも面白くてよかった日本が、なぜ今変わったのか。それは日本が変わったんじゃなくてぼくが変わったんだと、客観的にそのことを認識したら、嫌な気持ちが吹っ飛んじゃったんですよ。

塚谷　電線も許せるようになった？

バラカン　いや、それは許せない（笑）。許せないところは許せないけど、暮らしていて別にそれほど感じなくなりました。

†日本には強い同調圧力があった

塚谷　バラカンさんは『ラジオのこちら側で』の中で「東京を時々嫌いになることがある」とも書かれていますけど、これはどういうことですか？

バラカン　東京って割と浮ついた感じの街だと思うんですよ。生活のテンポが速いし、みんなあまり余裕がないし、だんだん疲れてくる。最近はそれほどでもなくなったけど、昔はメディアはいつも最新情報、最新情報ってそればかり言っていたような気がします。そういうことを言われると、自分がそれに追いついていかなきゃいけないような錯覚に陥ってしまうときがある。でもそんなことをしていたらクタクタになっちゃうから、あるときに「もういい」と思ったんです。最新情報なんて知らなくてもいいと。

ぼくは民放のテレビはほとんど見ないから、コマーシャルも知らない。だから話題になっているコマーシャルがあって、周りの人たちがその話をしていても何のことかわからない。あるいは売れているタレントの顔も名前も知らないけど、自分の生活がそれで不自由することがあるかと言ったらまったくないです。今はそういうことを知る努力もしないし、自分が興味を持っていることだけやっていればいいと思っています。

塚谷　ぼくも子供の頃、そういうことを感じましたね。たとえば昨日、漫画の本が出たとすると、みんなそれを見ているわけですよ。ぼくはどちらかというと植物とかが好きで、テレビも見ない変な子供だった。植物をいじったり育てたりすることにエネルギーを使っていたから、新しい漫画の本が出ても絶対に読まなかったし、テレビもほとんど見ていなかった。

けれど、学校に行くとその話ばっかりなんです。ぼくは子供のとき、けっこう背が高かったのでいじめには遭わなかったんだけど、その漫画を読んでいなければいじめられる子も出てくるわけですよ。あいつの家は貧乏なんじゃないかということで。だからすごく嫌だったですね。でもヨーロッパに行ったら誰も何も言わないし、そんな話にもならない。だからすごく楽だったですね。

バラカン それは何歳ぐらいのときですか？

塚谷 小学生のときですね。

バラカン 小学生のときはどこの国でも一番同調圧力が強いんじゃないかな。あるいは圧力がそんなになくても、周りと同じでいたいということがあるんじゃないかと思いますね。

ちょっと前に読んだすごく面白い本があります。しばらく日本に住んでいたぼくのイギリス人の友だちが書いた本なんですけど、サイモン・プレンティス（Simon Prentis）という人の『スピーチ』という本です（SPEECH! How Language Made Us Human, hogsaloft, 2021）。言語は人類だけが持っており、そのために人類は他の動物とはまったく違う存在になった。人類は言語を持ったためによくも悪くも、どのように変わっていったか。そういうことをすごく読みやすく書いてある。言葉を持つと自分の思っていることを人に伝えるようになる。言葉があるから社会ができて、そこに人が定住して村や町、都市、国ができる。社会がうまく機能するためにはルールが必要になってくる。そのへんの話をわかりやすく、一つひとつの段階を経て説明している本です。
結局のところ人間は小さいときから周りを見て、それに従わないと社会の一員でいられない。日本では極端に強い同調圧力があって、それに従わない、あるいはそれから逸脱するといじめの対象になったりする。そういう傾向が他の国の社会よりは強いかもしれない。でも、どこの国でもそういうことはある程度あると思います。
塚谷　バラカンさんは子供のとき、どうだったんですか？
バラカン　ぼくは今こんな顔をしていますけど、子供のときは全然違っていたんですよ。子供の頃は顔がかなりアジアっぽかったんです。父はポーランド人で、母はイギリス人とミャンマー人のハーフだから。
塚谷　じゃあアジアの血が四分の一入ってるんですね。
バラカン　そうですね。だから小学生のとき「君はチャイニーズかジャパニーズか、それとも knobbly knees（膝がボコボコになっている）か」と言われて意地悪された覚えがあります。ひどいいじめじゃないけど、普通の白人とちょっと違う顔をしているとそういうことがある。それが黒人だったらもっとひどかったと思います。今だってないわけじゃないね。
この前、サッカーのEURO二〇二〇（欧州選手権）の決勝戦でペナルティー・キックをはずしたマーカス・ラッシュフォード選手がとんでもないことを言われました（注）。彼は黒人だから標的にされたんです。もう本当にイギリス人っていう奴はひどくてとんでもないと呆れましたね。彼は試合前、地面に膝をついてBlack Lives Matterへの支持を表明しているから、それでかなり攻撃されています。

注　サッカーEURO二〇二〇決勝戦でイングランドはイタリアと対戦し、一対一のスコアでPK戦に突入し、マーカス・ラッシュフォード等三人が失敗し、優勝を逃した。試合後、ソーシャルメディア上でラッシュフォードら黒人の三選手に対する人種差別的な中傷が行われ、マンチェスターにあるラッシュフォードを描いた壁画に落書きされるなど、侮辱行為がなされた。

塚谷　イングランドのプレミアリーグでは、どのチームの選手も人種に関係なく、必ず試合前に膝をつくポーズを取っていますよね。

†広い家なら日本家屋に住んでみたい

塚谷　人種差別は許されることではないと思いますが、程度の差はあれ、ヨーロッパに限らずどこの国でもありますよね。いいことではありませんが。それでも、ぼくは向こうに行って三〇年いました。最終的にはすごくいいところで、日本よりいいなと思っているんです。人の目は気にならないし、何をしていてもいいし、五時に帰ってもいいし、あるいは七時、八時まで会社にいてもいいし、そこがすごく自由なんですよね。そこがぼくには合っていて。だから結局、三〇年近くいたわけですけど。

あとそれから、ヨーロッパの家は煉瓦造りで柱がなくて、壁が柱の役割を果たしていて天井が高い。ぼくもヨーロッパではそういうところに住んでました。それで思ったのですが、日本家屋は今はマンションなどコンクリートの建物が増えましたけど、地方に行くと、特に農家などでは木造の建物で、障子や襖一枚で仕切られているところが多い。あれってどう思いますか？

バラカン　要するに伝統的な日本家屋についてどう思うかということですよね。田舎だったら住んでもいいかな。広い家だったらいいと思いますけど、冬は寒いですよね。夏は逆に風が抜けるから悪くはないと思うけど。

塚谷　日本家屋は夏を基準に建てるんですよね。冬は何とかなるから。

バラカン　寒いときは着込めばいいわけですからね。

塚谷　そうです。日本の夏は暑くて湿度が高いので、その夏を快適に過ごせるように、風通しを考えて建てられています。外側は戸が開け放てるようになっていて、室内側は田の字型になっていて、障子や襖で仕切っている。襖一枚で仕切るから、隣の人の寝言まで聞こえるぐらいです（笑）。バラカンさんはそういう生活って考えられますか？

バラカン　何人で住むかですよね。同じ家の中で五、六人とか。

塚谷　昔は三世代同居が普通だったので、もっと多かったと思いますよ。

バラカン　それだと二人だけの会話は成立しないし、たとえばどうやって子供をもうけたんだろうと不思議です。絶対に音を立てちゃいけないし、大変だと思う。

塚谷　寝静まってからですかね。

バラカン　かなり開けっぴろげだったのかな（笑）。意外にそうかもね。田舎の人たちは特に。

†来日一週間で初めて地震を体験する

塚谷　日本は台風や地震が多いし、木造の家が多いから火事にもなる。でもヨーロッパでは三〇年住んでいて一度も地震がなかったし、台風も来なかった。日本では地震が来て液状化現象が起こったり、山が崩れて家が流されたりするけど、ヨーロッパではああいう光景は見たことがない。

バラカンさんは日本に来て、テレビでしょっちゅう災害のニュースが流れているのに驚いたのではありませんか。日本で台風や地震のニュースを見て、どういう気持ちになりますか?

バラカン 初めて東京に来たのは七月一日で梅雨の最中で、バケツをひっくり返したようなとんでもない雨でした。羽田空港にボーディング・ブリッジがない時代ですから、飛行機からタラップで降りてバスに乗る。あんな雨は見たことがないというぐらいで「ああ、熱帯に来たんだな」と思いました。タラップを降りてバスに乗るまで二秒ぐらいだけど、それでもびっしょり濡れてしまうほどでした。空の色がチャーコール・グレイでしたよ。梅雨時に車を運転してて、ワイパーを一番速い速度にしてもすごい雨で目の前が見えないときがありますよね。徐々に慣れましたが、最初はすごく驚きました。

地震を初めて経験したのは日本に来て一週間後ぐらいです。震度三ほどだったけど、地震を知らない人間にとっては、震度三でもけっこうビックリしますよ。

塚谷 火事はどうですか?

バラカン 火事は直接体験したことはないな。

塚谷 テレビを見ていると火事のニュースが多いでしょう。ヨーロッパでは火事のニュースってあまり見なかったな。

バラカン 自分が体験しないと、実感はないですね。

塚谷　では、日本の自然災害はあまり身近ではないと思いますか。

バラカン　地滑りとかそういうのもテレビで見ているだけですからね。大変だとは思うけど、東京にいるとわからないですね。

塚谷　ではあまり、たいしたインパクトはないということですか。

バラカン　いや、インパクトがないわけではないけど、それは自分が本当に体験したことではないから。でも日本はたしかに災害は多いですね。イギリスは山があまりないし、北ヨーロッパは平らですが、災害といえば大雨が続いて洪水になることはありますけどね。

†意見を言ってくれないので不満が残る

塚谷　日本には「わび・さび」「もののあはれ」という言葉がありますが、これは日本の災害から来ているのかなと思うことがあります。自然災害が多いからこそ、明日は滅びてなくなるかもしれないという考え方が出てきたのかなと。ぼくは「わび・さび」についてヨーロッパの人に説明しようとして成功したためしがありません。

バラカン　まあ、仏教の世界観もあるでしょうね。「もののあはれ」は仏教プラス日本独特の考え方ではないかと思いますね。

塚谷　ぼくがデザインを頼んでいる人がスイス人の女性なんです。彼女は日本でデザインの仕事をしていて、海外の企業から日本で販売する商品のデザインを頼まれていて、とても活躍している。

その彼女に、なぜ日本に来たのか聞いたことがあるんです。彼女によると、スイスの学校では毎日のように「あなたの意見は？」「あなたは何をしたいの？」「あなたの意見を言いなさい」と言われていたけれども、自分にはそんなに意見もないし言いたくもない。「いちいち聞いてくんなよ！　うるせーんだよ！」と心の中で叫んでいたと。だからいちいちそういうことを言われるのが嫌で仕方がなかった。日本に来たら誰も何も聞いてこないし、何も言ってこない。これは天国だということで、日本に住んで仕事をすることに決めたそうです。

これはものすごく珍しい例ですね。逆に、すごくうるさい日本人がヨーロッパでうまくやってる例もあるんですよ。はっきり物事を言う日本人というのはたまにいて、そういう人たちはヨーロッパに比較的にうまく溶け込んでいる。

普通、ヨーロッパの人が日本に来ると「何も意見を言ってくれない」「自分のことについていいとも悪いとも言ってくれない」「自分の意見を言おうとすると受け付けてくれない」などと言いますが、バラカンさんはそういう嫌な思いをされましたか？

バラカン　嫌な思いというほどでもないけど、ぼくは毎週番組をやっていて、終わったときに「今日はよかったね」とか「今日のあそこがいま一つだったね」とか誰も言ってくれません。「お疲れさま」というのが唯一の反応で、何でも「お疲れさま」なんですよ。だから本当によかったときには「今日はすごくよかった」とか、一言言ってくれると嬉しい。あるいは「今日はちょっとあそこ、ぎくしゃくしたな」とか「あの一言は言いすぎだよね」とか、そういうのでも参考になるし。ライターと編集者の関係、ラジオの出演者とディレクターないしプロデューサーの関係というのは本来、そういうものだと思うんです。フィードバックがあるからこそ伸びるし、成長する。そういうフィードバックがないと「これで本当によかったのか」「自己満足だけでやっているのか」と時々不安になる。それがちょっと物足りないですね。

塚谷　何も言われないことでいい部分ってありますか?

バラカン　うーん、どうだろう。人それぞれで感覚が違うから、何とも言えないな。そのスイス人の女性は人からいろいろ言われたり、意見を求められたりするのをうるさく感じる。そういう人は日本で暮らしやすいと思います。逆に、もっと意見を言いたい人はヨーロッパのほうがやりやすいでしょう。まあ、それぞれ自分の得意なところでやっていけばいいのかな。

「お疲れさま」で終わらせるのは日本のやり方で、もう慣れましたけど。

塚谷　余計なことを言ってぶつかりたくないと考えるのが日本人なんですよ。

バラカン　人と衝突したりすると人間関係が難しくなるから、何も言わない。

塚谷　なかなか言えないですよ。たとえばバラカンさんがいいと思っていることについて「バラカンさん、あれよくなかったよ」と言えばそこでぶつかってしまうから。「お疲れさま」で終わらせるのは日本の典型的なスタイルですけど、ヨーロッパではそれで終わることはまずなくて、逆にいろいろと言われますよね。「あれはちょっと言い方がおかしかったんじゃないか。こういうふうに言ったほうがよかったよ」とか。

バラカン　それもお互いを理解することですよね。でも「お疲れさま」という言葉もまた訳せないんだよなぁ（笑）。

塚谷　仕事が終わったとき、英語で何て言うのかな。金曜日に「じゃあワイン飲もうよ」とかそういうのはあるけど。

バラカン　See you next week. とか。

塚谷　たしかにヨーロッパでは終わって「お疲れさま」とは言わないね。それこそSee you next week. で終わりで。ねぎらいの言葉ってないですよね。

バラカン　なかなかないですね。日本には「ご苦労さま」とか「お疲れさま」とか、そういうねぎらいの言葉がたくさんあるけど。

塚谷　みんなでまとまって一つのことをやった後は、そういうふうにお互いの健闘を称えて丸く収めようとするというか。「じゃあ、また来週ね」という感じで。

4　日本の音楽を海外に紹介する

†音楽の輸入は簡単だが輸出は大変

塚谷　ぼくはヨーロッパのいろいろな食品を輸入して日本で販売しています。たとえばオーガニックの鶏肉や蜂蜜、あるいはポーランドのチョコレートなどを日本に持ってきて、販売しています。海外のものを日本に持ってくるのは割と簡単なんですよ。たいていは「ヨーロッパのもの、いいじゃない！」となるので。

バラカン　舶来ものは歓迎されるから。

塚谷　今でもそうなんですよ。ぼくがヨーロッパにいた頃のポーランドって、何だかヨーロッパじゃないみたいな感じでした。EU（欧州連合）統合以降はヨーロッパの一員になりましたけど、その前は違いました。デンマーク人はぼくがポーランドに行くと言うと、「えっ！　ポーランド？」という感じでしたからね。

バラカン　冷戦時代はヨーロッパの中でもそうでしたよ。

塚谷　バラカンさんはぼくとは逆に、ＹＭＯを日本から海外に売っていくことをされたわけですが、そのときにはいろいろな苦労などもあったのではないでしょうか。というのも、機械以外の日本のものを海外に売るのは大変だと知っていましたから。

バラカン　今は違いますよ。特に若い世代は漫画やアニメを入口として、日本や日本の文化に興味を持つ人が増えましたね。今、いわゆるシティ・ポップ（City Pop）と言われている七〇～八〇年代の日本のポップ・ミュージックが一部の人たちに興味を持たれているみたいです。アメリカやヨーロッパのいくつかの小さいレコード会社で今、日本のその時代のレコード、つまり四〇～五〇年前のものを出しているわけです。

ぼくがＹＭＯの仕事をしていた八〇年代の前半は、まだ全然そういうふうではありませんでしたね。ＹＭＯはいわゆるテクノ・ポップの部類に入っていたんだけど、ヨーロッパでもイギリスやドイツ、オランダにはテクノ・ポップをやっているグループがいました。彼らはもう少しポップ寄りで、ちょっと雰囲気が違っていました。ＹＭＯはかなり機械的な感じが強かったかもしれない。ＹＭＯのレコード、あるいはメンバーのソロのレコードが出ると、それをレコード会社に持って行き、これを出してもらえないかという話をすることが何度かありましたけど、なかなか難しかったです。

オランダのすごく小さな、マニアックな男が一人でやってるレコード会社で坂本龍一のソロ・アルバムを出した後で、高橋幸宏のレコーディングをロンドンでやってるとき、雑誌のインタヴューでぼくは通訳をしたのですが、記者の人とあとで話したらその人が「日本のこういう音楽は機械的に響いて、何か冷たい感じがする」って言うんですよ。今はみんないいねって言うんだけど、その当時は難しかった。一部のちょっと新し物好きなミュージシャンの間では面白く感じてくれる人もいましたが、そういう人は少なかった。

塚谷　それは一番最初の苦しいときですね。その後、漫画とかアニメとか日本のいろいろな文化が海外で紹介されて。

バラカン　それはもっともっと後ですよ。漫画はここ二〇年ぐらいのことだと思います。テレビ・アニメは割と早い段階で海外に紹介されましたけど。あれは吹き替えれば放送できるので。Cartoon はそれぞれの国で吹き替えて放送するので昔から世界的に流通していましたし、さほど国籍の意識はなかったように思います。日本のものとして積極的に消費されるようになったのはアニメ映画かな。アニメでは「ヴィジュアル系」と呼ばれるタイプのバンドの歌が使われているから、見た人が興味を持って聴くようになった。気が付いたら日本のそういうバンドがヨーロッパでツアーをやるようになっていました。

†海外のミュージシャンは耳コピーで演奏する

塚谷　ぼくがヨーロッパに行って一〇年目ぐらいですから、今から二〇年前ぐらいですが和太鼓がブームになって、和太鼓のグループがヨーロッパツアーをけっこうやっていましたよ。あと、盆栽や鯉もブームになりました。

バラカン　盆栽や鯉はイギリスにもけっこうファンが多くて、専門雑誌もあるほどです。

塚谷　YMOはそれよりはるかに前の話だから、日本の文化ってそんなに簡単に売り込めなかったのではありませんか。

バラカン　今は大丈夫だけど、最初の頃は大変だったと思いますよ。

塚谷　YMOが成功した理由は何ですか？

バラカン　いや、そんなに成功しなかったです。YMOは八三年に解散しているし。坂本龍一は映画の作曲家として有名になっていったけど、高橋幸宏や細野晴臣は一部のマニアックな人たちの間では知られていても、一般の人たちは全然知らなかった。

塚谷　ぼくはヨーロッパに行って、オランダ語の先生のところに週二回ぐらい通ってたんですね。その先生は音楽が好きで、家にはギターがたくさんあって。その人が「ミスターツカタニ、日本の音楽を聴かせてくれないか」と言ったので、日本の童謡を錦織健が歌ったCDなどを何枚か持っていったんです。そうしたら次のときに「あれは全部ヨーロッパの曲じゃないか。あんな猿真似したものを持ってきて」と言われてしまいました。ぼくはそういうのは日本の曲だとばかり思っていたからがっかりして、次に自分が持っているCDを探していたら津軽三味線のCDがあったので、それを持っていったら「日本の曲はあるじゃないか」とえらく喜ばれました（笑）。

大滝詠一さんのアルバムで、いろいろな曲を音頭にしたものがありますよね。

バラカン NIAGARA FALLIN' STARS名義の『LET'S ONDO AGAIN』ですね。パロディーのようなものでぼくは大好きです。大滝さんはアメリカのポップ・ミュージックをずっと聴いていた人なんだけど、このアルバムを最初に聴いたとき、ぼくは大滝詠一という名前も知らなかったし、彼がそれまで何をやっていたかということもまったく知らなかった。真っ白な状態でこのアルバムを聴いて、これをつくった人はアメリカの音楽をよく知っているなと思いましたね。雰囲気はロック的なんだけど音頭のリズムを使ってるんですよ。

ぼくが日本に来たとき、割とロック的な音楽をやっている人たちが多かったんだけど、一番よくなかったのがドラマーで、ビートがしっくりこないので身体が自然に動いてこない。あとで知ってなるほどなと思ったんですけど、ロックという音楽がリアル・タイムで日本に入るようになったのは一九七〇年代です。当然これはみんな知らないものだから、最初は形から入る。日本人は学校で音楽をやるとき、みんな楽譜を見るでしょう。今でも日本人でロックやジャズをやる人って、だいたい楽譜を見て演奏してるんです。向こうの人たち、特にロック系のミュージシャンでは楽譜を読める人はほとんどいなくて、みんな耳コピーなんですよね。耳でやってると、身体で覚えちゃう。だからノリが違うんです。

日本人はかたちから入っていたので、一生懸命コピーはしているんだけどリズムが生きてこない。でもこのレコードでは音頭のリズムを使っている。日本人にとって音頭は、子供の頃からお祭りなどで身体に沁みついているリズムだからすごく自然なんですよ。

たとえばぼくが小学生のときの大ヒット曲、チャビー・チェカーのLet's Twist AgainをLet's Ondo Againというタイトルにして、歌詞も日本語でパロディーにしている。音頭のリズムを使って、なおかついろいろな曲のちょっとしたフレイズを引用したりしていて、実によくできています。あと歌詞が笑えて洒落てるし、とにかくこのレコードが大好きでした。

大滝詠一は「はっぴいえんど」という、七〇年代初頭に初めてロックを日本語で歌ったグループのリード・ヴォーカルでした。だから日本ではぼくぐらいの世代、あるいはもう少し下のロック・ファンの間では伝説の人物です。彼の他のレコードでパロディーではなく、素直にアメリカの音楽を日本語にしているようなレコードがいろいろあるんだけど、『LET'S ONDO AGAIN』は、彼のレコードの中で一番売れてないそうです（笑）。

塚谷　あまりにも日本的すぎるのかもしれませんね。

バラカン　ぼくは、これがパロディーであることはもちろんわかっています。けれどもこういうことを本気でやったら、絶対に世界で成功できるとどこかで書いたことがあります。それを証明しているのが民謡クルセイダーズというグループです。五年ぐらい前からやっている一〇人編成のバンドですが、音楽だけではなかなか食っていけないので別の仕事を持っている人が多い。炭坑節とか会津磐梯山とか、そういう類の曲をラテンのリズムで演奏しています。ぼくが大滝詠一のレコードを聴いたときに思ったことを、彼らが今やってるんですよ。それでコロナ前にはコロンビアやヨーロッパでツアーをやったりしていて、少しずつ注目されてきています。西洋の人たちは日本の音楽を聴きたいのであって、日本人が西欧の音楽の真似をしているのは誰も聴きたくないはずです。それは当たり前じゃないですか。ぼくもそういう意味では典型的な西洋人なので、このレコードに対する反応は普通の日本人とは違うんじゃないかな。

†海外の人が聞きたいのは日本独自の音楽

塚谷　日本の民謡って基本的には労働と関連していて、農業労働などのリズムを取るためのものですよね。

バラカン　ワーク・ソングですよね。

ぼくが日本に来る前後は、日本の音楽はあまり興味の対象にならなかった。日本に来た頃、毎日のようにテレビの歌番組があったから、日常的にテレビを通じて知ってはいました。ぼくは音楽の会社で働いていたけど、仕事の内容はほぼ一〇〇%洋楽だったので、テレビの歌番組でしか日本の曲を知らなかった。ヒット曲は毎日のように耳に入ってくるのでなじみはそれなりにあったけれど、あまり興味はなかったです。

塚谷　津軽三味線は聞かれたことはありますか？

バラカン　もちろん。日本の音楽で一番ピンときたのは民謡ですね。

塚谷　そういえば、沖縄の喜納昌吉《きなしょうきち》の音楽も評価されてましたよね。

バラカン　ぼくが日本に来て三年ぐらい経ったとき、喜納昌吉&チャンプルーズの最初のアルバムが出て、あれにはすごく衝撃を受けましたね。「えっ！　日本にこんな音楽があったのか」と。あれはかなりロックしてるけど、メロディーは明らかに聞いたことがないような音階でできていたので、日本人も同じように衝撃を受けたんじゃないかな。今は沖縄の人たちのバンドがいっぱい出てきてますけど。

塚谷　ぼくもネーネーズとかチャンプルーズは、出てきたときに驚きました。

バラカン　今年の七月に行われた映画祭（ピーター・バラカンズ　ミュージック　フィルム　フェスティバル）で宮古島の音楽に特化した『スケッチ・オブ・ミャーク』（大西功一監督、二〇一一年）というドキュメンタリーを上映したんですが、宮古島というところもまた面白くて、沖縄の他のところとは明らかに音楽の感じが違うんですよ。その映画祭で他にも『サウンド・オブ・レボリューション〜グリーンランドの夜明け』（イニック・シリス・フー監督、二〇一四年）というグリーンランドのロック・バンドのドキュメンタリーを上映しました。

塚谷　グリーンランドって五万人ぐらいしか住んでないけど（笑）。

バラカン　スミというイヌイットのロック・バンドがあって、それは初めてグリーンランドの言葉でロックを歌ったグループです。スミのメンバーはグリーンランドからコペンハーゲンに出て、大学に通いながらバンドをやっていて、イヌイットじゃないデンマーク人のメンバーもいました。なかなか面白い話です。

塚谷　日本の若い人たちが自国の音楽や映画だけには興味を持つんですが、海外のものにはあまり興味を持たないことについて、バラカンさん自身はどのようにお考えていますか？

バラカン　それは複雑ですね。ぼくが日本に来た七〇年代は、アメリカが世界的に強くて、音楽や映画など娯楽の世界でも圧倒的でした。でも、アメリカもだいぶ変わってきましたね。海外のことをそんなに考えないようになってきたと思うんです。市場も巨大だし、国内を一番に考えている国だから。そういう世界的に強い力がなくなると、みんなけっこうバラバラになりました。

今は世界的にすごく強い娯楽というのがないけど、それはそれで別にいいかもしれませんね。映画は製作費がかかるから数が比較的少ないですが、音楽は数えきれないほどあります。圧倒的に多くのものはほんのわずかの人にしか届かず、一方で世界的に誰でも知っている歌手というのはほんの数人です。七〇〜八〇年代ぐらいまでは中間層がしっかりいましたが、今はほとんどいなくなってしまった感じです。

だから外のものに興味を持つと言っても、じゃあ何を聴けばいいのか。今は何でもあって、インタネットがつながるから知りたいことは何でも知ることができるけど、あまりにも膨大にものがあるから、何から聴いていいのかわからない。この現状は日本人に限らず、世界のどこに行っても同じです。ぼくがやっているような仕事は、そういう何から聴いていいかわからない人に対して提案するということで、一種のキュレイションのようなものです。

消費者の一人ひとりがそういうキュレイションをどこに求めるかですね。たとえばSpotifyみたいな配信会社と契約して、向こうからお薦めされたプレイリストから聴いてみるとか。

だから今は、単純に目を外に向けるということが難しいかもしれないですね。塚谷さんやぼくのように、自分が生まれ育った社会から外に出て、自分の身を全然違う社会に置いてみるという試みはとても面白いものだと思うけど、そういうことに興味がある人もいれば、ない人もいますね。むしろない人のほうが多いかもしれなません。どこの国でもパスポートを一度も持ったことがなくて、自分が生まれ育った国、地域以外に行ったことがないという人がけっこういます。

たとえばアメリカなら、ミズーリ州の何とか郡から外に出たことがないという人が相当数いるわけですが、そういう人たちの体験に価値がないかと言えばそうではない。要は、一人ひとりの人間が何を望んでいるかですよね。

塚谷　ところで、バラカンさんは日本人のことを不思議だと思われますか?

バラカン　いや、ぼくはこれだけ長く住んでいるから、特別不思議だとは思わない。

塚谷　来た当初はどういう印象を持ちましたか？　ぼくの話をすると、デンマークに行って仕事を始めた頃は、デンマーク人というのはうるさいなと感じましたけど。

バラカン　一言で言うとしたらなんだろう。「わかりにくい日本人」かもしれないですが、一言で言うのは難しいね。

第三章 日本とヨーロッパに横たわる誤解

1 「日本人は土地管理ができない民族なのか」

†日本人の行動は不思議がられていた

バラカン 塚谷さんがデンマークに赴任した頃は、ヨーロッパにいる日本人、というより東洋人がまだ少なかったですよね。一口に東洋と言っても日本や中国、韓国、北朝鮮はもちろんのこと、東南アジアの国々、ヴェトナムやカンボジア、ラオスなどもある。一般的なヨーロッパ人の知識のレヴェルはいろいろだけど、東洋人を見分ける能力がどのぐらいあるのかは微妙なところですね。

塚谷 ぼくは東洋人を見分ける能力はないと思いますよ(笑)。

バラカン いまだに? そうかもしれないね。そもそもぼくらが会うきっかけは、塚谷さんがヨーロッパの人たちから日本人について、いったい何者なんだとよく聞かれていたということで、日本人のアイデンティティを農業、それも稲作という観点から理論づけをしたことに、ぼくが共感したからですよね。

塚谷 そうです、みんなから日本人の行動が不思議だと言われていました。デンマークに赴任した当時はぼくが取締役だったので、デンマーク人の部下が五人ぐらいいたんですよ。ぼくはその人たちの上に立ってますから、彼らをある程度コントロールしなきゃいけないという日本人的な意識がありました。だから、彼らから「何で日本人はこうなのか」と聞かれたら、全部答えなきゃいけない。何となくそういう使命感があったんですよ。

バラカン 彼らも塚谷さんのことを上司として見ていましたか？

塚谷 見てたというか見させたというか。

バラカン ふんぞり返ってた？

塚谷 いや、ふんぞり返ってたわけではなくて（笑）、彼らはぼくが決定しないと動けないのです。たとえば、出張に行くということであれば、ぼくに許可を求めてくる。ぼくは立場的に上で、しかも部下はみんな年下でした。当時、ぼくは三二、三歳で部下は自分と店長で相談して採用したんです。皆二〇代後半で、四、五歳の違いで歳が近かったので、すぐに仲よくなりました。自分は独身でしたので、土、日と毎日五時からは暇、デンマーク社員も独身者ばっかりだったので、平日は五時以降も付き合うことになっていきました。土日はコペンハーゲン近郊のゴルフ場のメンバーになってたので、よく一人でバッグを持ってゴルフ場に行ってました。

するとメンバー同士で二、三人に組まされるので、気が付くとゴルフの仲間は、定年退職後に家に居づらい、と嘆く六〇代のデンマーク人のおっさんばかりになってました。事務所の日本人は既婚者で、新婚家庭に出入りするのは悪いと思って、あえて付き合ってなかったので、結果、仕事仲間もガール・フレンドもゴルフ仲間もデンマーク人ばっかりになりましたね。特に、年下の若い彼らと飲み食いしていると、日本人に興味があるものだから、質問がガンガン飛んでくるわけですよ。

バラカン 塚谷さんはヨーロッパで、いろんな国の人たちとさまざまな議論を交わしてきたみたいですね。

塚谷 彼らとの議論を通してわかったことがあります。ヨーロッパではいくら論戦しても、感情的になることはないですね。日本ではそうなってしまいがちだけど。たしかに、こう言ったらああ言う、ああ言ったらこう言うみたいなことが延々と続くんだけど「生意気だ」とか「ふざけてる」とか、感情的になることはありませんでしたね。あれは訓練の賜なのかもしれませんけど、ぼくにとってはすごく不思議でした。

オランダ人やドイツ人、デンマーク人と議論していると、これ以上やったら喧嘩になってしまうんじゃないかという瞬間を感じることがあるんだけど、向こうは一向にやめようとしなくて、むしろどんどん議論をふっかけてくる。

バラカン みんな自己主張は強いですからね。それと、グループの中で自分の影響力を伸ばすために、どんどん自分を押し出してくる力比べみたいな感覚もどこかにあるのかな、男同士だと特に。意識しているのかどうかわからないけど。

塚谷　それはありますね。だからぼくもそれが始まると、自分も負けてられないと思っちゃうんですよ。ぼくは議論しているうちに、日本人が馬鹿にされているような気がして、論戦をしているうちに、デンマーク人のほうが格上と言われているように感じてしまって「デンマーク人に負けてたまるか」という気になります。相手はそういうことを言ってるんじゃないことはわかっているんですが。

バラカン　そこで国籍を持ち出してくるのは、もしかすると余計かもしれない（笑）。

塚谷　そうかもしれませんが、つい思っちゃうんですね。相手は自分が雇ってる社員ですから、これで負けたら終わりみたいな気になります。この論戦はいつになったら終わるのかと、喋っているうちに怖くなってくる。それで次の日にまた持ち越しになったりとか、そういうことも多かったですね。仕事中に議論が始まった場合は、五時には終わります（笑）。

バラカン　会社が終わって、みんなでご飯を食べたり酒を飲んだりしているところで「ところで日本人はさ」みたいな話が始まるということ？

塚谷　その通りです。当時、今から三十数年前ってトヨタや日産、ホンダといった日本車メーカー、ソニーやパナソニックといった家電メーカーの製品がかなりヨーロッパに入っていて、アメリカのGEやオランダのフィリップスを抜いてたんですね。だから、日本人は生意気とか言われていました。

バラカン　八〇年代バブルの絶頂期ですよね。

塚谷　そうそう。だから「日本人は生意気だ。いきなり出てきてヨーロッパにたくさん、しかも安くものを売り込んで」という感じで。

バラカン　今の中国と同じように見られていたんですね。

塚谷　そうです。ヨーロッパの人たちからすると、すごいなと思う反面、「いったいなんなんだよ、こいつ」みたいな雰囲気がありました。

バラカン　けっこう傲慢でしたしね。国のムード全体がそうで、盛田昭夫と石原慎太郎の『「NO」と言える日本』(光文社、一九八九年)とかそういう本がすごく流行《はや》って。

塚谷　エズラ・ヴォーゲルの『ジャパン・アズ・ナンバーワン』(広中和歌子・木本彰子訳、TBSブリタニカ、一九七九年)とかね。あと司馬遼太郎が「明治維新がすごいんだ」みたいなことをあちこちで書いてたじゃないですか。あのあたりで日本人のプライドが出てきたというか。

バラカン　いい気になっちゃった。

塚谷　そうだと思うんですよ。だから観光客、特に買い物で生意気な態度の人が多かったですよ。バラカンさんは日本にいたから知らないかもしれませんけど、あの当時、ヨーロッパでは日本叩きのテレビ番組が多かった。デンマークもオランダもそうで。満員電車にレポーターが乗って「日本人はこんな生活をしてるんだぞ」とか、あるいはカプセルホテルに泊まって内部映像を撮って「なんだこれは」とかそういう番組があふれていました。

バラカン　これは万国共通だと思うんですけど、テレビのドキュメンタリーというのは、外国に行って一番奇妙なところをこれでもかと強調して「ここは変な国だぞ」と言って、視聴率を狙うタブロイド新聞的なやり方です。ぼくも学生時代にロンドンで、何度か日本に関するそういうドキュメンタリーを見たことがあって、「えーっ！」と思ったことがありますよ。

塚谷　ありますよね。ぼくが最初に行った頃、デンマークのテレビではＣＮＮもＢＢＣも映らなかったんですよ。

†テレビが日本を面白おかしく取り上げる

バラカン　あれは東京のどこかの交差点でしたけど、警官が交通整理のために台の上に立っていて、脇に酸素ボンベが置いてあってマスクをしていました（笑）。光化学スモッグが一番ひどかった時期だと思うんだけど、テレビでそういう姿を見たら「うわーっ！　日本は大変だ」「みんな死ぬんだ」と思いますよね（笑）。

塚谷　ぼくはデンマークで英語の番組が見られないものだから、現地のテレビ局の番組を見るわけですが、そこではしょっちゅう日本が取り上げられて馬鹿にされているというか、おちょくられている。日本ではヨーロッパに憧れがあるのか、ヨーロッパを見下したようなテレビ番組はないのですが、ヨーロッパでは日本を見下したような、おちょくったバカにしたような番組ばかりだった。デンマーク人のレポーターが「ここは大変なところだ。日本人が考えていることはちょっと想像できない」みたいなことを言うわけですよ。ぼくはそれを見て「まずいな」と思っていました。

案の定、次の日に会社に行くと、みんなが待ちかねたように「昨日あの番組を見たんだけど、ヤスオ、あれは何なんだ」と聞いてくる（笑）。ぼくはそういう場面に何回もあってるわけですが、そうすると、おちょくられていることをひっくり返すしかないわけですよ。

ひっくり返さないと、上司としての立場がなくなると思っていましたから。この場面で「テレビで放送されていたことは正しい。日本はとんでもない国だ」と言ってしまえばとたんに立場がなくなると思い込んでいるので、どうにかしてテレビが間違っているんだと言いたいんだけど、これがなかなかできない。

一番議論が沸騰したのが、カプセルホテルが放送されたときでした。この話題が三日間ほど続き、そのときにぼくはやり込められてしまったのです。テレビ番組でカプセルホテルのことが紹介された後、ぼくは次のように説明したのです。

夜中に電車がなくなって、タクシーで家まで帰ると一五〇〇クローネ（約二万円）ぐらいかかるけど、カプセルホテルに泊まれば二〇〇デンマーククローネ（約三〇〇〇円）で泊まれる。あれは日本人が考え出したすごいことなんだよと。

そうすると、今度は彼らから「部屋がなんであんなに狭いの？　息苦しくないのか？」と聞かれ、「コペンハーゲンと東京は規模が違うんだよ！　土地が高いからだよ」と答える。こういうやり取りが延々と続くわけです。次の日、論戦相手は人口密度も調べてきて、「日本よりオランダのほうが人口密度が高いじゃないか」。それに対して、「日本は山が多いんだよ！」と答える。すると「山しかないスイスにカプセルホテルはないぜ！」（笑）。こういうやり取りが延々と続くわけですが、結局、デンマークではあんなことは考えられないということになってしまい、理解させることはできませんでした。

カプセルホテルの話から派生して、「日本人は土地をうまく民主的に管理できてないいんじゃないか」「なぜ家から二時間もかかるようなところに満員電車で通勤し、過酷な労働をしなければいけないのか」「もっと都市開発をうまくやって、いい都市をつくればいいじゃないか。そのときにはもっと広い土地を与え、広いホテルをつくればいいじゃないか」と、日本人はとってもおかしな人たち、頭の悪い人たちだと言わんばかりになります。

コペンハーゲンでは人口を一〇〇万人にコントロールしてるんですよ。昔はコペンハーゲンも工場や事務所がたくさんあって、人口が一〇〇万人を超えていて、工場から出る煤煙とか排水で空気も川も、そして街が汚くなった。そこでまずは工場などをインセンティブをつけて外に出し、コペンハーゲンに残る会社にはタックス（税金）を重くするなどの政策で、工場や事務所をどんどん郊外に移転させ、一〇〇万人都市にしたんです。

後で知ったのですが、オランダのアムステルダムもそうです。

バラカン　それ以上、人口を増やさせないようにしているわけですね。デンマークの人口ってどれぐらい？

塚谷　六〇〇万人程度です。

バラカン　そういうふうに管理するにはちょうどいい規模ですね。あと山がないでしょ。

塚谷　ないです。一番高い山が一六〇メートルで、話の種に行ってきました（笑）。大都市は規制をかけなければどこの国の首都も肥大化してきます。要するに、日本であれば東京一極を抑えるために、ヨーロッパのように騒音、排水とかの規制を徐々に厳しくして都内に残る工場群を郊外に移転させ、近郊農地を宅地化する。さらに東京都税を徐々に上げて地方に出るように促して、東京から地方に人も企業も出して東京一極集中を抑え込む。同時に地方を、日本全体を発展させるということです。

とにかく、この件については都市の話になり、「民主主義国家としてそれはおかしいんじゃないか。もっと労働者、住民のwelfare（福利厚生）を考えて都市をつくるべきじゃないのか。デンマークはそうしてきた」というわけです。最終的には「日本人は土地管理ができない民族なのだ」という結論で終わりました。これは完全に負けたなと思いました。

バラカン　その議論に負けたと。

†大きな嵐でも犠牲者が出なかった

塚谷　そう。そこでの悔しさをきっかけに「なんで民主国家、先進国のはずの日本ってこうなってるのかな」と思い始めたんです。海外で生活していると、日本と現地の違い、食べ物や文化だけじゃなくて、考え方だったり、行動様式だったり、いろんなことの違いはどこからくるのだろうと考え始めますよね。そんなことを考えていたときにデンマークに大きな嵐が来たのです。

赴任したのは四月でしたが、半年後の一〇月頃のことでした。イギリスでもたまに嵐ってありますよね。台風ほどじゃないけど、毎日強風が吹いて土砂降りの雨が降るような嵐が。北ヨーロッパでは、低気圧は最初にイギリスに来て、次にオランダ、デンマークの順に来ます、ぼくが初めて体験した嵐は、デンマークで三日間ぐらい続きました。道路は水浸しになるわ、強風で太い街路樹が倒れるわで、まるで日本の台風のようでした。それまでずっと穏やかな天候が続いていたので、こんなこともあるんだなとビックリしました。日本ならまず間違いなく、川の水があふれて田んぼになだれ込み、稲が水没したとか、水路の堰が切れたなどで大慌てになるような嵐です。そもそもデンマークでは、日本で起こるような大型台風並みの嵐などほとんどないといっていい土地柄なので、内心「これはたいへんなことになるな」と思っていたのです。

ぼくは農学部を出てるし、もともと農業が好きだったのでよく知っているのですが、日本では年に二、三回大きな台風が来て、そうすると農家の人が嵐の中、田んぼの見回りをしてて川に流されて亡くなったり、行方不明になったりして、一回の台風でだいたい三〜五人ぐらいは亡くなるんですよ。ぼくは「この嵐でデンマークでも何人か死んだな」と思ったんですけど、テレビではそういうニュースがない。もしかしたら新聞か何かに出ていて、うちの従業員は何か知ってるかもしれないと思い、嵐の三日間、雨でずぶ濡れで出社してきた社員に「マイク、昨日何人死んだの?」「レーネ、昨日何人ぐらいの行方不明者出たの？」「マリアン、昨日は何人、川に流されたの？」って、毎日聞いていたんですよ。そうしたら最後に皆に囲まれて「ヤスオ！　お前はいったい何なんだ」「お前はデンマーク人を殺したいのか！」と言われてしまいました（笑）。そこで、「日本では毎年たくさんの人が嵐の日に川を見に行って流されて死んでるんだよ！」って言ったら、「ヤスオ！デタラメ言うんじゃない！　こんな嵐で人が川を見に行くわけがないだろ！」

このやり取りの後に、あんなにすごい嵐でも人が死ぬことがないのかとビックリしました。そのとき初めて、もしかして農業のやり方が全然違うのかなと気が付いたんです。やがてこの答えが、バラカンさんに共感してもらった、日本人を説明できる理論となっていったんです。

それからは車を運転していても、畑やその作物、農家を意識的に見るようになりました。前は漠然と見ていただけだったのが、畑がどういう構造になっているのか、農家、村落がどういう構造になっているのか注意して見るようになりました。

まず気が付いたのが、驚くことに水路がないんです。それで徐々にいろいろ気が付き始めたんですよ。日本の田んぼには必ず水路があります。稲はもともと暖かい地域の作物で、大量の水を必要とします。だから田んぼの脇には必ず水路が流れています。稲には暖かい水が適しているので、水路をなるべく長くして水が温まるようにする。水温を上げて田んぼに流すと稲の成長がいい。だから、山のほうでは大きな溜め池をつくって、そこに山から来た水を溜めて水温を上げるというやり方をします。

2 日本人の集団主義は稲作がつくった

†ヨーロッパの畑には水路がなかった

塚谷 稲作にとって、水路はとても大切です。台風のときなど、大切な水路の状態を確かめるために、農家の人は見回りをします。そのときに、雨でぬかるんだ土で足を滑らせたり、詰まった水路を直そうとして水路に落ちたりして、命を落とす人が出てくるのです。日本では、稲の水没を防ごうとして台風のたびごとにこうした事故が起きます。稲は水田に生えてますが、実は水没には弱い植物なのです。ところが、ヨーロッパには探しても農業用水路がないんですよ。

バラカン 北ヨーロッパはだいたい平たいですからね。

塚谷 畑の脇には川がない。日本みたいに川があって田んぼがあって、また細い川があってという構造じゃないんですよ。もちろん馬鹿でかい水路はあります。

バラカン　ライン川とか。

塚谷　そう。そこから引いた水路っぽいものはあるんだけど、あれは日本で言うと水運に使う川です。というのはどの川も流れが緩やかなので現代でも川は水運で利用されてます。それらの川と川の間に畑がある感じです。日本の水路は幅がせいぜい三〇〜四〇センチメートルぐらいで、一跨ぎできます。ところが、ヨーロッパの水路っぽいものは幅が三メートルとか五メートル、日本の常識で言ったら、あれは川です。

バラカン　幅四、五〇センチほどの水路に人が流されるんですか。

塚谷　それが流されるのです。だいたい日本の水路は傾斜がきつく、山が入り組んでいるためカーブも多く、木の

水路が一本もない、地平線まで続くトウモロコシ畑（ポーランド）

ドイツ中部、流れが緩やかで現在でも水運が盛んなライン川

流れがほとんどない池のような水運併用農業用水路（オランダ中部）

上と同様の水運併用農業用水路。右奥に見えるのは艀で、手前左上はコンテナ箱（オランダ中部）

枝、丸太、石、それに崖が崩れて岩が落ちたりすると、すぐ詰まって水路に水が流れなくなってしまうんです。それを防ぐために、田植えの前には集落総出で水路の掃除や補修をします。

　今でも思い出しますが、大学時代に農業水理学実験を冬場に履修して、室内につくられた実験水路を使って、水流をいかにコントロールするかの実験をしたことがあります。模型の小川（幅・深さ三〇センチメートル程度）にちょっとした障害物、丸太、ブロックとかを置いて、台風による増水を仮定して水を流すのですが、高い所から水を流すとその障害物に当たって爆発したかと思うほどの爆音と同時に、すごい勢いで部屋中に水が飛び散り、実験を見守っていたぼくたち学生は、どこ

傾斜の強い山間部につくられた日本の狭い田んぼ（関東北部）

にいても水浴び状態でびしょ濡れになりました。農業水理学の実験は冬じゃなくて、夏に履修するべきだと思いましたが後の祭りでした。模型での実験でしたが、水流は恐ろしく早く、圧力が高い。小さなU字溝でも水流が早ければ、人なんか簡単に押し流すのだということがわかります。だから、水かさの増した田んぼの小さな水路でも、想像を超える高水圧で、人なんて簡単に流されてしまうんです。

バラカン　水の勢いってすごいんですね。

塚谷　台風のときは風雨が強いので、田んぼを見に傍まで行くことは死に直結しています。それでも見に行こうとするのは、せっかく育ってきた稲が「水路が詰まって、稲が水没でやられたのではたまらん」ということで田んぼの様子を見に行き、障害物を取り除こうとするか、水路を補修しようとして事故が起きるんですね。日本の稲作では、決して珍しい事件ではありませんでした。年一回の一期作、それだけ日本の稲作農業は命がけの農業だったんです。

バラカン　ヨーロッパには農業用水みたいなものがないので、水路で命を落とすことはないってこと？

塚谷　そうです。それでいろいろと調べて、「畑の水はどうしてんの？」と聞くと、ヨーロッパの農家の人は全部天水（雨水）だって言うんですよ。たしかに一週間に一回か二回

細く入り組んでいる稲作農業用水路（山梨県中部）

急流の稲作農業用水路（山梨県中部）

は必ず雨が降る。日本は雨が降らないときには降らなくて、から梅雨とかで梅雨でも夏場でも冬でも雨がほとんど降らないことがあるんですよ。ヨーロッパでは定期的にまとまった量の雨が降る。それがわかってから、ヨーロッパってほんとに恵まれてるんだなと思いました。

バラカン 農業に関してはそうですね。

稲作農家集合集落（山梨県中部）

稲作集合集落（関東）

一軒家の独立している麦・菜種農家（オランダ中部）

点在する麦・トウモロコシ農家（ポーランド南部）

一軒で独立している麦・菜種農家（ドイツ中部）

塚谷　それでもっと調べていくうちに、ヨーロッパでの農村では、農家はポツン、ポツンと点在していることに気づきました。隣の農家まで五〇〇メートルから一キロメートルほど離れています。ところが、日本の農家は、何戸かまとまって集落をつくっています。ふと「日本人ってなんでこんなに狭い所でまとまって家を建てて、みんなで生活してるのかな」と思ったのです。そこで思い至ったのが、日本は水田稲作（コメ）が中心で、ヨーロッパは畑作だということでした。

バラカン　デンマークで部下との議論に負けたことから、日本人を説明するのに稲作に目を向けたということですね。

塚谷　ぼくがデンマークにいた会社員のとき、会社には日本人は二人で、あとの五人はデンマーク人でした。彼らデンマーク人に営業から経理、事務作業まで、何から何まで全部やってもらわなきゃいけないので大切にしてきました。だから、彼らからいろいろ聞かれることには全部答えていましたね。

たとえば、デンマークには韓国人がけっこう住んでいて、彼らは新聞やテレビで日本人批判をするんですよ。日本人は残酷だとか。

バラカン　怨念があるからね。

塚谷　アイルランドとイングランドの関係に似てるのかもしれないけど。

バラカン　似てますね。

塚谷　そうすると、部下が仕事中にぼくのところに新聞記事を持って来て、「韓国人が日本人の悪口を書いたこういう記事が出てるのでちょっと訳すけど、これってどういうことなの？」と聞いてきます。

これについてはいろいろな説明の仕方があると思うんですけど、ぼくが説明したのは、日本が韓国を併合したことで韓国人は植民地にされたと恨んでいること、その後日本が戦争で負けたので韓国の戦後教育が反日感情を煽ったということです。もう一つは、日本は二〇〇〇～三〇〇〇年間ずっと平和な国で、第二次世界大戦で初めてアメリカにやられるリスクが出てきてexplodeした（爆発した）。中国と韓国は裏にいたから彼らはそんなに感じてないんだけど、日本は前面に立ち、アメリカとface to faceで向き合っていたからそういう構造になった。日本は二〇〇〇年間平和な国で、そんなに残虐な人間じゃないよと。そういう説明ぐらいしかできなかった。

バラカン　それ、説得力あった？

塚谷　いや、あんまりないですね（笑）。だからけっこう立場的に苦しかったですね。起業してオランダに移ってもそうでした。オランダである年配の女性と話したとき、彼女がしきりにキャンプ、キャンプと言うんですよ。オランダ人が英語で「キャンプで食べ物があってよかった」と言っていた。よくよく聞いてみると、それはインドネシアでの話だったんです。

バラカン　捕虜収容所にいたということ？

塚谷　そうです。太平洋戦争のときに、日本軍がインドネシアに侵攻してオランダ軍を敗退させました。そのときに、捕虜収容所をつくってオランダ軍とその関係者を抑留しました。おそらくそのことを言っていたんです。ぼくを見てあれ以来、初めて日本人を見たというのです。

バラカン　女性で捕虜でした？

塚谷　いや、収容所には軍人四万人と民間人九万人が収容されていたといわれています。彼女はそのときはまだ子供だったので、親と一緒だったのでしょう。「あれ以来、初めて日本人と会って話をするけど、悪い印象は一つもない。ちゃんと食べ物もあって、丁寧に扱ってくれた」と言っていました。彼女はむしろ日本人に対して悪い印象を持っていなくて、何も知らない戦後生まれの韓国人のほうが、よっぽど悪い印象を持ってるんだなと思って、ある意味で驚きましたね。

バラカン　日本と韓国にはそれに至る歴史がありますよね。日本も韓国も中国も歴史教育がナショナリスティックになりすぎていて、互いの歴史の解釈が食い違っている。そこが一番の問題ですね。これはそう簡単にはまとまらない話だと思います。

塚谷　オランダ人はインドネシアで日本軍に手ひどくやられたから、日本人のことを恨んでると思ってたんだけど、普通のオランダ人は「我々はインドネシアを占領してコロニーをつくったけど、あれは明らかにやりすぎだった」と思ってる。

コロニーをつくってインドネシアを占領した。そこに日本が来て追い出された。中には「なんであんなところにコロニーをつくったのか。日本が来て kick out されても仕方がない」と言う人もいます。だから、オランダ人はけっこうフェアに考えてるんだなと思いましたね。

稲作と日本人のアイデンティティに目を向ける

バラカン　オランダ人って世界で最も合理的だと言われていますよね。

塚谷　そうですか？　でもドイツ人にたいしては厳しいですよ。ドイツナンバーの車が停まってると、子供が木の枝で傷つけるとか、そういう事件がいっぱいある。

バラカン　それは第二次世界大戦から残っている反独感情ですね。世代によって違うと思いますが、ヨーロッパではかつてドイツに対してそういう感情が根強かったです。オランダとドイツの関係はもしかすると独特なものがあるのかもしれませんね。ぼくが子供の頃はヨーロッパのどこに行っても、ドイツに対する感情はよくなかった。あの頃は反日感情も強かったです。今はだいぶ違いますが。

塚谷　話を戻しますと、デンマークで嵐が来たとき、会社でいろいろと議論していてこれはおかしいなと思って。そのうちみんな勉強してくるようになって、ぼくがこう言ったらこう答えるみたいな、ディベイトをしているような感じになってきたんです。そうなると負けられないし、相手が言うことに答えられなかったら負けのような気持ちになっていたわけですよ。

そういうことをしているうちに「日本人と中国人はなんで違うの？」とか「日本人とインド人はなんで違うの？」とか。質問がだんだん複雑になってきました。ぼくがそこでコメや麦の話をすると「同じようにコメが主食のインド人となんでそんなに考え方や文化が違うのか」「中国人だってコメが主食なのになんでそんなに違うのか」などと、難しい質問が飛んできて、ぼくはそれにも答えなきゃいけない。

たまたまぼくは農学部を出ていて、農業についての知識はあったので、たとえば日本とインドではコメのつくり方が全然違っていて、インド人は個人的で、日本人は組織的にまとまってコメをつくっていたと答えていました。

バラカン　インド人は究極の個人主義ですよね。たとえば講演会があって質疑応答の時間になったとき、「はい、手を挙げてください」と言うと真っ先に手を挙げるのはインド人です。とにかくそういう自己主張が強い。

塚谷　それでずっと喋りつづけるでしょう。ぼくにもインド人の友達がいるけど、「お前黙れ」って言うまでずっと喋ってる。インド人ってすごい人たちだなと思いますよ。

バラカン　そういうところで一番発言しないのが日本人で、「はい、もう時間切れです」ということで講演が終わった後、スルスルスルスルッと前に行って個人的に何か聞く（笑）。

人に聞かれないところで聞くのが日本人で、みんなの前で聞くのがインド人ですね。

塚谷　デンマークにもインド人が多少いるので、デンマーク人はインド人と日本人には違いがあることをある程度わかっていて、ぼくに違いを聞くわけです。ぼくはその前にだいたい次のような説明をしていた。コメづくりを日本人は集団でやらなきゃいけない。その時代は食べるものが重要で、コメがないと死んでしまう。だからコメがすべてになっていたと。

バラカン　昔は税金だったしね。

塚谷　年貢ですよね。「デンマークで言えばそれは小麦、ジャガイモで、それを売って換金するんでしょ」と言うと「ああ、そうだね」と納得するんですけど。そうやって「日本人にとってコメは重要で、それはみんなでつくらなきゃいけない」ということを教えると、「ああ、そうなのか。ヤスオは、日本人の性格は食べ物に由来すると言っているのかな」ということでその日は終わるわけですよ。

それで次の日になるとまた何人か集まってきて「インド人はコメじゃないか、どうなってるんだ」「中国人もコメ食ってるぜ、どうなってるんだ」と質問攻めにしてくる(笑)。ぼくはそこで「君たちが言う通り、インド人も日本人も同じコメをつくって食べてるけど性格が違う。それはなぜか」と反対に質問する、次に「同じように見えるコメだけど、インドのコメのつくり方は日本とはまったく違うんだ」と言うわけです。
インドでは浮稲農法、floating rice 法とも言いますが、モンスーン地帯特有の農法で栽培しています。

†水の管理がいらないアジアの浮稲農法

塚谷　浮稲農法というのは、ドライシーズン（乾期）に川岸の田んぼに種を直蒔きして、レイニーシーズン（雨期）になって水位が上昇するにしたがって、穂先を水面から出して生育させる方法です。雨期になって、田んぼの水位がどんどん上がってくると、イネも同じように浮いてきてコメができる。そこで船に乗り、水に浮いてるイネをシャカシャカと刈り取る。インドもその方法をとっています。

バラカン　インドではそれが基本ですか？

塚谷　稲の栽培では、大きく水稲（水田）、浮稲（川岸）、陸稲（畑）に分けられます。インド、東南アジアでは浮稲が基本の農法でしたが、現代ではコメの収穫量が浮稲と陸稲は、水田の水稲と比較して低いので、インドでも東南アジアでも浮稲は減ってきて、今では徐々に水稲に代わってきています。浮稲農法では日本のような緻密な集団力を必要とする水、土壌の管理は必要ありません。ぼくはそのとき、黒板に floating rice harvest system

広大なキャッサバ（芋）畑、タイ中部

と書いてインドの稲作の方法を説明しました。これは個人主義というか、集団に頼らずに自分が好きなようにやれる農法なわけです。ところが、日本の田んぼはみんなで水を管理しなくてはならない。そう説明して「どうだわかったか！」というと、今度は「なんで中国人と日本人は違うんだ」というような質問が出てきます。

日本以外は基本的にヨーロッパはもちろん、インドも中国も東南アジアもコメが中心ではなかったのです、麦、芋、豆文化なんです。世界の中で日本だけが水稲のコメ、ジャポニカ米が主食だったのです。中国も水の管理はそんなに厳しくないんですよね。黄河にしても揚子江にしても全長五〇〇〇〜六〇〇〇キロの川なので、高度差が少なく緩やかな流れで日本の川とはちょっと違う。

バラカン　日本は高い山が多いから。

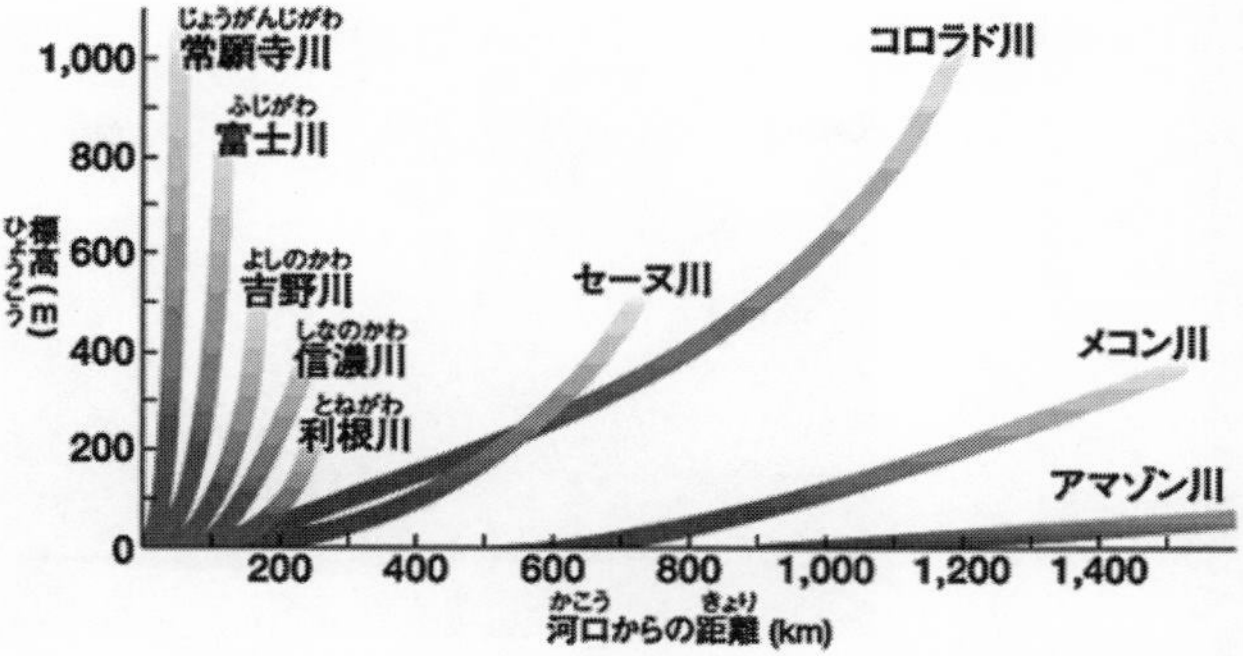

滝のような勾配を流れる日本の川（高橋裕『河川工学』東京大学出版会、1990、p. 285）

†日本の川は滝のような勾配

塚谷　黄河や揚子江は川の全長が長い上に、高度差が少ないので、ゆったりと流れるのですが、日本の川は急峻なところを流れるので水の管理が大変です。パリを流れるセーヌ川も黄河などと同じようなものですから、水の管理の必要があまりない。タイのメコン川も大河だから水の管理があまり要らない。

ぼくはあるとき、そのことに気づいてデンマーク人やオランダ人に、日本では急流で流れが速い川の水を田んぼに引いて稲作に利用するために、溜め池をつくったり、常に田んぼに水が行くように管理するには、水路の整備などを集団でやらなくてはならない。日本における稲作は小麦やジャガイモをつくるのとは違うし、アジアの他の国の稲作とは事情が違っている。そういう話をずいぶんしました。

タイの単独の稲作農家（タイ中部）

タイの流れのない池のような水路（タイ中部）

ぼくは独立後、ヨーロッパで「串亭」というやきとり専門店をフランチャイズ展開して、焼き鳥ソースとかをタイでつくらせて、それをヨーロッパに輸出していました。タイにはしょっちゅう行っていたのだけど、畑とか田んぼはあまり見ていなかった。そのコメの話以来、タイの農村へ車で行って見るようにしたら、日本の農村とは全然違うことがわかりました。

タイの農家もポツンホツンと点在していて、家の周りは全部田んぼです。見渡す限り広大なんですよ。日本の稲作では一反は一〇アール、三〇〇坪ぐらいでそれを管理してるんですが、タイはもう見渡す限り田んぼです。ぼくは初めてタイの田んぼをちゃんと見て「あれ？　日本とはだいぶ違うな」と思いまして、それでヨーロッパの人たちに説明できるようになったんですよ。

バラカン　インドネシアの一部の山の高いところには、日本とよく似た棚田がありますよね。

塚谷　棚田は、水の管理が必要になるので、たぶん日本と同じように集団の作業があると思います。フィリピンも山のほうに一部、棚田がありますが、稲の生育に適している南国のインドネシア、フィリピンと、夏が短く稲作に向いていない日本とでは根本的に、集団作業規模と緻密さ、水管理の厳格さが違ったものになっていると思います。

この話はどんどん広がっていくんですけど。そこでは「日本はなんで食い物がコメしかないのか」ということが議論になって。

見渡す限りの広大なタイの稲作。直蒔きで雑草に強いインディカ種（タイ中部）

バラカン　ヨーロッパの人たちにそんなことも聞か

れたのですか。

塚谷　聞かれることについてどんどん説明していくと、どんどん議論が深くなっていくじゃないですか。仕事が終わってから夜中の〇時ぐらいまで、パブでそういう議論をしたこともありますよ。

バラカン　デンマークやオランダの人たちになぜ「日本人はなんでコメにこだわるのか」という疑問が湧くんですか。

塚谷　それはぼくが説明しているからです。彼らはうちの会社の社員だったから、家に帰ったら家族や恋人に間違いなく「なんでお前、日本の会社なんかに勤めてるの？」って言われていたはずです。彼らもそう言われるから、誰かに説明したいのかどうかわからないけど、どんどん疑問が深くなっていくようでした。

日本にいるとそんなことはめったにありませんけど、海外に出て現地の社員の上の立場に立ったがゆえに、そういう状況にどんどん追い込まれたわけです。ぼくも答えられなかったら終わりだと思ってたので、答えていくしかないという気持ちがありましたね。

†日本人に関する本を読みあさる

バラカン　日本にいればまず考えないようなことを、わざわざ調べなきゃいけなくなったわけですね。

塚谷　そう、それで日本人のアイデンティティがどこから来たのかを調べるために、ルース・ベネディクトの『菊と刀』とかいろんな本を読むようになりました。日本に帰るたびに日本人について書かれた本を何冊も買っては読み、その都度デンマーク人やオランダ人に「実はこういう本があって」と言って説明していました。

一番面白かったのは山本七平の『「空気」の研究』（文藝春秋、一九七七年）を紹介したときですね。日本人には特有の空気というものがある。敗戦間際の一九四五年四月、戦艦大和が沖縄に特攻攻撃をかけることになったとき、出ていけば沈没することはわかっていながら、「もう沖縄に行くしかない」というその場の空気で決行された。そういうプロセスについて書かれているんですが、そこには空気とは何かということは具体的に書かれていないのです。

ぼくはデンマーク人の部下たちに「日本の社会には空気というものが存在していて、それによって物事が決まるんだ」と話した。デンマークは戦争にほとんど絡んでいないから、彼らは戦争中のことも戦艦大和も沖縄も知らない。そこでぼくは日米戦争の経緯、真珠湾攻撃から始まって戦艦大和とはどんな戦艦だったのか、そして大和が沖縄に行った経緯について長々と説明したんですが、ぼくが採用した若い社員の「デンマークにだって空気はあるよ」という一言で終わりました（笑）。

彼はそのとき「学校でも何となくそっちの方向になっていくということはあるから、それは日本と同じだよ」と説明してくれたんですが、ぼくがあれだけ一生懸命本を読んで説明したのにその一言で終わってしまいました（笑）。そういうこともありましたね。

あと、武士道は日本人の集団主義や心など、いろいろなことを決めたのかなと思って武士道についての本もかなり読んだんですよ。それでみんなに「日本には武士道というものがあって、これは日本人が組織の中でまじめにやっていくということだ」という話をしたら「騎士道、ナイトの社会と何がどう違うのか」と聞かれて、そこからどんどん議論が進んでいって。

バラカン　新渡戸稲造《にとべいなぞう》の『武士道』って原文が英語で、日本の武士道を欧米に紹介するために（一八九九年にニューヨークで）出されたんですよね。武士道という言葉はその本で初めて出てくる。新渡戸さんはキリスト教徒で、騎士道を念頭に置いて『武士道』を書いたと聞きましたが。

塚谷　新渡戸稲造はアメリカで仏教について教えているときに「日本人って何だ」としきりに聞かれたので、武士道という概念を探し出してアメリカ人にぶつけたそうです。自分もヨーロッパで同じような立場になったので思うんですが、たまたま「武士道でどうか」

と思ってぶつけただけで、新渡戸本人が何かに書いてましたが、武士なんて会ったことも、見たこともなかった。なので、確かな根拠はなかったと思うんです。

武士道は騎士道とどう違うのかという質問に対して、ぼくは次のように説明しました。家というものがあって次の子供、また次の子供とつないでいく。ボスと部下の関係は代々一〇代ぐらい壊れずに続くので、ファミリーとしての関係はとても深い。子供のまた子供が結婚したりして、一つのorganization（社会組織）ができる。

バラカン　ヨーロッパの貴族と一緒じゃん（笑）。

塚谷　そうなんですよ。そういう話をしたら「じゃあヨーロッパの騎士道や貴族社会と何が違うの？」と聞かれました。そこで「武士道というのは精神的にこうで、家を守るために腹切りなんてあるんだぞ！」とか説明するんですけど、結局、ぼくはその議論で彼らに負けたんですよ。

ぼくはそこで彼らに次のように言いました。「騎士道はどういう関係でつながってるの？　結局お金でしょ、彼らはお金をもらってガードみたいな感じで勤めて、少しでもペイがいいほうに移動する。だから騎士道というのはお金で、武士道はお金の問題でなく精神が、忠誠心が違うんだよ！」と。でも議論をしていくと結局、武士道もお金なんですよ。そこで彼らにいろいろと言われているうちに「じゃあ武士道ってどういう関係なの？　お金がなかったらその関係は成り立つの？」ということになってきます。

騎士も武士も領主（殿様）からお金やコメをもらえなければその関係は成り立たない。理想はともかく、給料をくれる殿様がいなくなれば、武士は武士でなくなり武士道も存在できなくなる。

赤穂浪士を例に取るとわかりやすいと思いますが、領主の浅野内匠頭が江戸城で刃傷沙汰に及んで浅野家がお取りつぶしになると、家来の武士たちはとたんに主従関係がなくなってしまい、浅野家に仕える武士ではなくなってしまいました。彼らの一部は浪人になって主人の敵を討ちましたが、現実には浪人になってバラバラになり、江戸に行ったり京都に行ったりして、新しい領主を見つけて仕えるか、武士以外のまったく別の仕事を見つけるしかなかった。

だから突き詰めると、騎士道と武士道というのはあまり違いがないんですよね。とにかくぼくはその議論で徹底的に負けて、デンマーク人に「ほら見ろ、金じゃないか」と言われてガクッと来てしまいました（笑）。

そして、さらにデンマーク人にこう指摘されました。「なんで日本人を説明するのに騎士道・武士道なんだよ、日本に武士が何人いたんだよ？　ヨーロッパでは貴族はせいぜい居ても数パーセント以下だぜ。人口の数パーセント以下のこの議論に意味はないでしよ！」と。

その他、仏教、神道とキリスト教の考え方、言語学的な思考形態の違いなどいろいろな議題でヨーロッパで人と論戦をしてきたけど、残念ですが過去の日本人論で日本人をヨーロッパ人にどれも説明できないことに行き当たりました。

†連帯責任はあり得ない

バラカン 向こうは日本人がどうしていろいろな場面で違うものの考え方をするのかということがわからなくて、突き詰めてくるんですよね。議論の勝ち負けというよりも、日本人の特性についてうまく説明できていないということです。
塚谷 バラカンさんの言う通り、日本人が日本を説明できない、そういうことですね。バラカンさんはそんなことはないと思うけど、ぼくはディベイト・論戦に慣れていないので、なかなか思うように説明ができないのです。
バラカン ぼくもあまりやってないですけど。
塚谷 オランダやデンマークの教育について話を聞くと、授業でディベイトを取り入れていることが多いらしいのですよ。
バラカン 今、ヨーロッパはだいたいそうかもしれませんね。ぼくの時代はけっこう昔だし、イギリスでは学校の現場でいつもディベイトしていたわけではないです。

塚谷 ぼくは現地で学校を見学させてもらったことがあるし、社員にも「小学校の頃、どういう教育を受けたのか。幼稚園はどんな感じだったのか。子供の時分の母親、父親や兄弟姉妹との関係はどんな感じだったのか」とかいろいろ質問しましたが、そこですごく際立ってきたことがありました。

ぼくが子供の頃、掃除はみんなでやっていて、サボっていると怒られて立たされた。日本ではごく当たり前に行われていました。だから、掃除はみんなでやらないといけないんだという思い込みがありました。

バラカン それは日本独自の教育ですよね。でも最近、そういうのを取り入れている国がちょっと出始めているとも聞きます。

塚谷 それはある意味でいいことですよね。ぼくはそのとき、オランダ人だかデンマーク人だか忘れましたが、逆に「日本ではなんでそんなことをやってるんだ。掃除は掃除人がするものだろう」と言われたのです。

バラカン ヨーロッパの人たちは圧倒的にそういう考え方ですね。たとえばスポーツ・イヴェントや音楽のフェスティヴァルなどいろんな場面で、終わった後のごみの散らかし方ってすごいですよ。日本人は自分のゴミをゴミ箱のあるところに持っていき、ちゃんときれいに始末しますが。ヨーロッパの人たちは掃除する人たちが雇われてるから彼らに任せればいいという考え方で。合理的と言えば合理的なんですけど。

塚谷　それについての議論でもぼくは勝てなかったんですよ。「学校は勉強するところなのに、なんで掃除まで自分たちでやらなきゃいけないのか。日本の教育はおかしい。掃除は掃除人がやるべきだ」ということで押し切られてしまいました。

バラカン　つまり集団責任ですよね。

塚谷　集団責任では誰かがサボると、全員に責任があるということになる。たとえば五人グループだとすると五人全員の責任にされる。

バラカン　それは大人の世界と一緒ですね。

塚谷　その話をしたら、彼らは「そんなことはあり得ない」って言うんですよ。それはある意味で犯罪だ。悪い子が罰せられるのは当たり前だけど、それ以外の子供が罰せられるというのは理不尽で、ある意味で犯罪だ。ちゃんとまじめにやってた子までグループの責任を負わなきゃいけないというのでは、スパイ・密告と同じじゃないかと言われました。

バラカン　なるほど。途上国にはマイクロ・ファイナンスという制度があります。最初に始めたのはバングラデシュのグラミン銀行というところです。普通だったらまったく銀行にお金を貸してもらえないような極貧の人たちを相手に、生活を自立させるためにほんのわずかのお金を貸し、普通に利子を取って返済させます。借り手は圧倒的に女性です、そこでまず五〜一〇人ぐらいのグループをつくらせる。一人だと「返済できなくなったら仕方ない」と本人が諦めてしまうかもしれないけれど、同じ村に住んでいる人でグループを組めば、自分だけが返済しないのではそのグループに対して申し訳ないということで責任を感じ、みんなで助け合って頑張るんです。マイクロ・ファイナンスはすごく難しい事業なんだけど、それで何とか成立するケイスがあります。ちょっと話が脱線したけど、これも同じような発想でやっていることですよね。

塚谷　オランダ人は野球をやらないので、高校野球の話を出してもよくわからないだろうからサッカー、フットボールを例に出して説明したんです、「未成年のフットボールチームで、誰かが酒を飲んで怪我したとか、喧嘩して怪我させたとかそういうとき、集団責任になってインカレとかに出られなくなるんだよ」と言うと、「そんなことはヨーロッパではあり得ない」と言われて。一人の不祥事・責任で全員が出られなくなるのはあり得ない。その人が罰せられるのはわかるけど、他の人が試合に出られないなんて考えられないと。

バラカン　スポーツの世界でもそうですか？

塚谷　試合に出られない例があります。

バラカン　一人のせいにすればいいんじゃないですか？

塚谷　たとえば高校野球の場合、野球部員の一人が煙草を吸ったとかそういうことで、全員が出場停止になります。

バラカン　それは知らなかった。それは日本滞在四十数年のぼくでも「ありえねえだろ、それは」って思いますよ。

塚谷　そう思うでしょ？　日本人は何となく「ああ、しょうがないな」と納得できるんですが、ヨーロッパに行ってその話をすると「それは犯罪だ」と言われてしまいました。

バラカン　人権侵害ですね。

塚谷　その人権侵害が日本でいまだに行われていて、しかも誰も文句を言わない。出場辞退になってその犯罪に無関係な部員がスカウトの目に留まって大リーガーになれるチャンスを失っている可能性がある、その人はそれによって人生を狂わされたかもしれません。これは本人だけでなく、日本にとっても損失以外何ものでもない。これは人権侵害で明らかに犯罪であるのに、日本人は集団全体に対する罰を科すことにいまだに納得していて、異議を唱える人がいない。

日本の社会ってある意味で怖いですよね。集団で認めてしまえばそれが法律みたいになってしまいます。本来であればそれは人権侵害です。それを密告する制度みたいなのがあって「あいつやったぜ」「あの学校、何かやってたみたいだぜ」みたいなこともあると聞きます。KGBみたいですよね。

†ヨーロッパで知った日本社会の歪み

バラカン　まあ、そういうのはどこかの国でもよくあるけど。

塚谷　だから、日本の社会ってすごく歪んでるなと思うんです。ぼくは小・中・高と日本で育ったのであまり違和感がないんだけど、ヨーロッパに行っていろいろな話をしているうちにそう思うようになりました。

バラカン　要するに、あまりにも集団第一主義になりすぎていて、個人の権利が侵害されていると思いますね。少なくともヨーロッパの人の立場から見れば、そのように見えますよね。

塚谷　それは果たしていいことなのか悪いことなのか。ぼくは、それはよくない部分だと思います。明らかに行きすぎているし、民主主義というものが理解されていない。

バラカン　日本で言う民主主義は、ヨーロッパで言う民主主義とはかなり違うものだとぼくも思っています。

塚谷　民主主義は英語でdemocracyで、人・個人が上ということですよね。オランダもデンマークもそうなんだけど、ヨーロッパでは議論をしていって最後に結論がある。ところが、日本の場合はまず結論ありきで、議論があまりない感じがします。

バラカン　そうですね、忖度があるから議論が成立しないというか、上下関係があるから上の人に対して反対意見をなかなか言えない。これは他の国でもなくはないけれど、日本はそれが特に顕著ですね。

塚谷　ヨーロッパでもありますよね。

バラカン　ええ。ただ会議の場でこれは会社のためだと思ったら、あるいは上司が言っていることを間違いだと思ったら自分の意見ははっきり言う。塚谷さんも会社でやり込められたでしょ。

塚谷　給料を決めるのはぼくなんだけど、しばしばやり込められていましたね（笑）。

バラカン　でも、それが本来の民主主義なのです。

塚谷　日本は民主主義国家と言うよりは、たぶん今でもムラ社会なんですよ。日本ではお中元とかお歳暮ってあるじゃないですか。あれは慣習としては別にいいと思うんだけど、目上の人に送るときは賄賂というか、「何かあったときはよろしく」という下心の部分があるんじゃないかと思うんですよね。

日本はコメをつくることについてお上が住民・村の命運を握っていて、明治に入っても水争いが起こって、村同士で殺し合いに発展したことがあったそうです。水がなくなったときには取り合いになるんです。

バラカン　本当に殺し合いが？

塚谷　ええ。それで解決しないとさらに上に行き、お上が「じゃあ二日間はこっちの村に水を流し、三日間はそっちの村に流す」とか采配を振るい、その場を収めていたそうです。

そういうことがあると、付け届けや時候の挨拶はしたほうが得ですよね。定期的に渡しておけば「じゃあこっちに有利にしようか」となるかもしれないじゃないですか。

3　ヨーロッパに対する日本人の誤解

†ヨーロッパは狩猟民族の国ではなかった

バラカン　日本では、自分たちは農耕民族だけど、ヨーロッパの人は狩猟民族だと思い込んでいる人が多いですね。

塚谷　そうですね。ぼくもそうでした。デンマークで、狩猟民族と農耕民族についての議論もしたことがあります。あるとき、デンマーク人に「君たちは狩猟民族じゃないか。日本人は農耕民族なんだ」と言ったら「ヤスオ、何を言ってるんだ。俺たちもここで数千年以上も麦をつくって畜産もやってるんだよ！　原始人じゃあるまいし、俺たちが狩猟民族のわけないだろ！」と言われてしまいました（笑）。そりゃそうですよね、主食は麦からつくるパンやパスタですから。

バラカン　日本ではそういうステレオタイプ的なことを叩きこまれるから。「日本には四季があるから」ってデンマーク人に言ってみたら？

塚谷　それも言ったんですよ。「デンマークと違って、日本には美しい四つのシーズンがあるんだ！」と言ったら「ヤスオ、デンマークだって夏と冬だけじゃなくて、春も秋もあるよ！」って怒られちゃいました（笑）。たしかにデンマークでも春にはいろいろな綺麗な花が咲くし、秋になったら紅葉がきれいなんですよ。今となると「なんであんなこと言ったのかな」と思うんですけど、きっと日本で、そう思い込まされていたのでしょうね。

ぼくはデンマークに行くまで、ヨーロッパの人たちは狩猟民族で日本人は農耕民族だと思ってました、ところが、いざ行ってみるとヨーロッパの人たちはずっとパンを食べてるし、都市からちょっと離れると、畑ばっかり。田舎のパブに行くと日に焼けた農家のおっちゃんばかりですよ、だからずっと、どこで狩猟してるのかわからないと思っていました。たとえば、イギリスの貴族はキツネを撃ったりしていますよね。

バラカン　あれは食べるために獲るんじゃなくて、貴族の遊びです。

塚谷　あのイメージが強いから、日常的に狩りを見られないのが何だか不思議でした。それで思ったんですが、日本では仏教が殺生を禁じていたため、獣を食べることはタブーだったので、家畜も食べることはありませんでした。ただ、山へ狩りに行って獲ってきたイノシシは家畜ではないので食べていました。明治以降、日本に入ってきた外国人はみんな肉を食うじゃないですか。おそらく、そこから西洋人イコール狩猟民族とイメージされているのではないかと思うんですよ。

これも後で知ったんですが、畜産が日本に入ってきたのは明治以降なんですよ。実は、日本人が中国人などと違うもう一つのポイントは畜産です。

バラカン　なるほど。それまではイノシシを獲ってこないと駄目だった。

塚谷　イノシシは山で獲ってこないといけない。江戸時代の牛・馬はあくまで農耕用で、食べるためにいたわけではない。江戸時代の日本人は牛を食べるのがタブーだったので、食べようとは思ってなかったんですが、飢饉のときにたまたま仕方なく食べたらすごく美味しかったという記録は残っています。

バラカン　鶏肉は？

塚谷　鶏は二本足なので食べていましたね。鶏は地面で飼えますし、エサは野菜くずとか残飯とかで育つし、卵も産んでくれます。

バラカン　卵も？

塚谷　卵は食べてました。

バラカン　それは江戸時代よりも前から？

塚谷　そうですね。江戸時代にはすでに『卵百珍』という卵料理のレシピ本も出版されていました。ただ、庶民の口にはなかなか入らなかったらしいんですけど。

バラカン　日本人は肉がなくても十分やっていけたということでもありますね。周りは海なので魚は豊富だったとして、野菜も豊富でしたかね。江戸時代の野菜は、今みたいに種類がたくさんなかったと思いますけど。

塚谷　ヨーロッパと比べると水産物は種類・量ともに多かったかもしれませんね。北ヨーロッパはニシン、タラ、サーモンぐらいですから。ただ、江戸や大坂などの都市に住む庶民には高嶺の花でした。

バラカン　日本は本当に水産物が豊富だけど、たとえばクジラは江戸時代から食べていました？

塚谷　江戸時代より前から食べてましたね。イノシシは獣なので、本来だったら食べてはいけないわけですが、「山鯨」と呼んで食べていました。そんな言葉があるくらいですから、クジラを食べていたことは間違いないと思います。

バラカン　畜産は明治になるまでなかったというのは面白いし、興味深い話ですね。それじゃ、馬は食べてました？

塚谷　食べないんですよ。馬や牛は食べるためのものではなくて、農耕用、田んぼを耕したり、収穫した作物を運んだりしていたので大切にされ、一つ屋根の下で寝起きをともにしていました。鹿やイノシシ、熊は狩猟の対象ですね。

バラカン　辺鄙なところに住んでいて、海から遠いので魚が入ってこなかったら、必要に迫られて野生の動物をとって食べるということもあったのかもしれませんね。

塚谷　たとえば塩漬けにした魚、乾燥させた魚やイカなんかは日持ちするので、そういうのは内陸部まで運ばれていました。若狭（福井県）と京都を結ぶ「鯖街道」というのがありますが、あれは日本海から内陸部まで塩漬けにした鯖を二〜三日で運んだ道です。冷蔵庫のない時代は海の近くに住んでいない限り、生魚は食べられませんでした。

ぼくが小さい頃、つまり六〇年ぐらい前になると車で運べるようになって、運送時間が短くなったから、ようやく生ものが入ってきたようです。

バラカン　江戸時代は漁業だけで生活できたんですか？

塚谷　少し調べてみたのですが、江戸時代には小さな船で沿海漁業をするだけでなくて、地引き網や大きな船で遠洋漁業が行われるようになっていました。漁業では網が必要ですが、この網は高額なので、誰でも持てるというものではありません。網を持っている人が網元で、漁師は網元に雇われて漁をしていたのです。

農業の場合、庄屋がいて小作人がいるわけですから、その関係と似ていますよね。

†ヨーロッパ人に言われる「日本人はアンクリア」という言葉

塚谷 当時、デンマークには日本企業がほんの数社しかなかったと思うんです。あの小さな国に日本企業があること自体が珍しくて。先ほども言ったように、ぼくが行ったときは事務所ができたばかりだったので、現地で募集をかけて社員を雇ったんですよ。彼らはだいたい二〇代後半ぐらいで、大学を出て四、五年経った人たちでぼくよりも四、五歳下だったんだけど、彼らにしてみると「日本人っていったい何なんだ」という感じだったのではないかと思います。たぶん、親や友だちからも「お前、アジアの日本の企業なんかに入ったんだって?」と、からかい半分で言われていたんじゃないでしょうか。
もちろん彼らは、日本の文化に興味を持ってくれていた。日本の会社に入るということは、ある程度アジアが好きで興味があるということだから、余計にそういう質問があったのかもしれない。彼らは知りたいという気持ちで聞いてくるのかもしれないけど、ぼくは馬鹿にされているような気がして、そこでとことん議論していました。

そのときから、よくunclearって言われていたんですよ。

バラカン　不透明ということですよね。よく日本のニュースで「情勢は不透明です」って言いますけど、あれは英語でだいたいunclearと言われる。要はわからないということを、少し頭がよく聞こえるように言い換えている、といつも感じるんです。unclearにはもちろん、わかりづらいという意味もあります。つまり説明不足ということですね。

塚谷　そのときはそういうふうに聞こえなくて、「unclearなお前が悪い」というふうに受け取っていました。

バラカン　説明不足だったらそうでしょう（笑）。

塚谷　善悪で言うと、お前は悪だろうと。

バラカン　日本人は物事をはっきり言わないので、何を言おうとしているのかわからないときがある。たとえばテレビで政治家が話しているのを聞いていると「あの人は何を言いたいんだろう」と思うことが少なくありません。でもその場合、責任を問われたくないがために、あえてunclearな言い方をしているのかもしれないですけどね。ヨーロッパの人にしてみれば、日本語の表現方法にそういう要素があると感じるのかもしれません。

日本人は割と口数が少ないでしょう。ぼくは昔、女房に「何でも話しすぎる」って言われたことがある。何かについて話し始めると、つい事細かに説明しちゃうんですけど、それをうるさいと感じていたんです。でも、その後彼女は一年間ロンドンに語学留学をして、東京に帰ってきたらだいぶ変わっていました。最近はそんなこと言いませんね。今思い返すと、日本人にしてみれば、ヨーロッパ人は口数が多すぎるという印象があるかもしれない。それは文化の違いですね。

塚谷　ぼくは unclear だと言われて、自分が悪いと思っちゃって。何を言っても unclear だと言われると、精神的に疲れてしまうし、ものすごいストレスでした。それで、自分はヨーロッパの社会に合わないのかなと思ったこともあります。

ぼくは、彼らが何をもって unclear と言ってるのかわからなかった。自分は説明してるつもりなんだけど unclear と言われるのはなぜなのか。そういうことを何回か経験しているうちに、それは「ノーとはっきり言え」という意味であることに気づきました。つまりぼくの「自分はこう思っているので、最終的にこれはやらないほうがいい」という日本的な論法ですが、これがあいまいな言い方だったんです。

バラカン　もっとはっきり物事を言えと。

塚谷　そういうことなんですね。それでやっと解決できました。

バラカン　ノーと言える日本人になったら楽だったという（笑）。

塚谷　ええ。最初にノーと言って「その理由は……」という言い方に変えただけなんですけど、それでunclearと言われなくなりました。バラカンさんの場合は逆ですよね。最初にノーと言ってしまうと日本人は引くと思うんです。

バラカン　もちろんそうですよ。ぼくは日本に来てすぐに、そういうことに気が付いた。周りの人たちの話し方を聞いているとわかるし、人からも「日本人はイエス・ノーを言わない」と聞いていたから割と早く対応できましたね。慣れてくると「難しいと言われたらノーということか」「前向きに検討しますというのもノーだな」とか、そういうことに気づきました。つまり「期待するな」ということかなと。

†一度言っただけでは理解してもらえない

塚谷　ヨーロッパではunclearの他に、「お前が悪い奴じゃないことを俺は知ってるよ」ともよく言われるんですよ。「お前が悪い奴じゃないのはよく知ってる。お前は仕事がよくできる。だけど……だ」というわけです。向こうの人たちはそういう言い方をしてきますよね。日本ではそういうことを言わないじゃないですか。そんなこと恥ずかしくて言えないというか。

バラカン　直接は言わないですね。第三者には「あいつは悪い奴じゃないけど」って言うことはありますけど。

塚谷　ヨーロッパではそういうことを直接言ってきます。だから慣れるのに時間がかかりました。

バラカン　だけど塚谷さんの場合、自分の部下とコミュニケーションを成立させなければいけない立場ですね。ぼくは企業で人の上に立つ経験はほとんどなかったですけど、結局はうまくいかなかった。それはぼくの問題もあったと思いますが。

塚谷　それは日本の会社ですか？

バラカン　ええ。ぼくは人に同じことを何回も言うと、相手はうるさく感じるだろうと思って、あまり言わないようにしてるんですよ。それは上下の関係に限ったことではありませんが。久しぶりに会社に入って人の上に立つ立場になったとき、自分がやろうとしていることを説明するときに「一回言えばみんなわかってくれるだろう」と思っていました。でも本当はわかってなくて、何回も何回も繰り返し同じことを言わなければならないということが、あとになってわかったんです。もうそのときには遅かったけど。

塚谷　それは日本人的ですよね。

バラカン　人に付いてきてもらうためには、もっと自分がやりたいことを、しつこいと思われるほど言わないといけない。そういうことがわかったんだけど、二度とそういう立場にはならないと思います。これは日本、ヨーロッパの違いではなく、ぼくの人間としての欠陥かもしれません。

塚谷　日本に慣れすぎたからじゃないですか？　ヨーロッパでは同じことを何回も言います。何回言っても、言うことを聞いてくれないことも多いですよ。

ヨーロッパの鶏肉を日本に輸入したとき、バキュームパックをした鶏肉があって。片面が平らで、もう片方は鶏肉が入るから盛り上がっているんです。ヨーロッパでは平らな部分が表なので、そこに印刷して平らな部分を表にして売っている。でも日本は逆で、盛り上がっているほうが表なんですね。そこにどういう鶏肉かということを説明するラベルを貼らなきゃいけないんだけど、表が盛り上がっていると貼りにくい。ぼくは「日本では盛り上がっているほうが表だから、平らなほうに貼っちゃいけない。裏側に貼りなさい」と指示を出して、写真を撮って説明したのです。それでも、「たぶん間違えるだろうな」と思ったから、三回ぐらい確認して念を押したんですよ。それで案の定、日本に来たら平らなほうにラベルが貼ってありました。指示がきちんと通らないというのは、失望感が大きいですね。

†EU統合とその後のイギリスの離脱

塚谷　ぼくはヨーロッパで変だなと思ったことがいくつかあって。一つはEUの統合についてです。せっかくEUを統合したと思ったら、その一五年後ぐらいにイギリスが飛び出した。EC本部にはイギリスの貴族がいて大きな力を持っており、それがEUをつくりあげた。EU統合のとき、ぼくはたまたまオランダにいて、ドイツやベルギーに店があったのでそこにもしょっちゅう行っていた。従業員はベルギー人、ドイツ人、オランダ人だったんですけど、彼らはまだ若いのにけっこう議論していたんです。それで統合の日はみんな興奮してて、花火が上がったりしてすごいお祭り騒ぎになっていたんですよ。その後、通貨統合などがどんどん進んでいったんですけど、その過程を見ていてなんでヨーロッパの人たちはこんなに喜んでいるのかなと不思議でした。

ただ、アジアやアメリカでそれと同じことが起きるとは考えられなかったですね。たとえばドイツ人とフランス人では考え方が違うし、言葉もまるっきり違うのに、どうやってこれを一緒にするのかなと思っていました。EU統合の後は、次はアジアで統合とかの話が出ましたが、具体的には日本、タイ、韓国、フィリピンをくっつけるのと同じことで、パスポートがなくなってアジアの国々の人が大挙して日本の職場に来るのが良いことなのか悪いことなのか、その必要があるのか、なかなか想像できませんでした。

でもヨーロッパではEU、EUとあんなに騒いで「世紀の大実験だ」とか言っている。たしかにそれはすごいことだと思うんだけど、ヨーロッパではなぜそのような現象が起きるのか。すごく不思議でしたね。
　ヨーロッパは長い歴史の中で他民族からの侵略を受けてきています。南のイスラム諸国から攻め立てられ、スペインは国土のかなりが占領されて、それを取り戻すために血みどろの戦いを繰り返している。一方、東のほうではポーランドやハンガリーがモンゴルに攻め込まれて人々が虐殺され、ボロボロになっている。そういう恐怖の記憶が残っているからまとまる圧力があって、EU統合につながった。そこには、我々は軍事的にも経済的にもまとまるべきだというヨーロッパ人の共通した認識があったのではないかと推測するのです。そうでなければ、なぜあんなに喜ぶのかわからない。たとえば日本がフィリピンと一緒になるとしても、あんなに騒ぐ奴はいないと思うんです。

バラカン　ヨーロッパはイギリスを例外として陸続きで、北と南では文化がだいぶ違う。北ヨーロッパは同じというわけではないけれど、共通点は多い。北欧、ベネルクス、ドイツ語圏、中央ヨーロッパのチェコやハンガリー、ポーランドには共通している基本的な文化があって、わかりあえると思うんです。

塚谷　イギリスが抜けた理由は、たぶんこういうことじゃないかと。イギリスは海に囲まれているから、ヨーロッパとはいえ、かなり独立した歴史を持っている。

バラカン　イギリスはモンゴルとイスラムにはやられてないけど、昔はずいぶん侵略されていますよ。ヴァイキングやノルマン人、サクソンやローマに何回も何回もやられてるから、そういう意味ではすごく雑多な国なんですよ。ただ、大陸からちょっと離れているので日本と中国や朝鮮半島、イギリスとヨーロッパというのは似たような関係だと思います。島国だし、自分たちが特別だと思い込んでいるところがあって。

塚谷　たとえばハンガリーでは、モンゴル人というまったく異色な人たちがいきなり来て、多くの人が殺戮された。イスラムだってヨーロッパとはまったく異質の人たちですよね。もちろんイギリスにも大陸からいろいろな勢力が攻め込んできましたよね。でも大陸ヨーロッパと比較するとイギリスは、もしかしたら第三国人にぐちゃぐちゃにされた経験が少ないから簡単にEUから出たのかなと思ったりしたのですが。

バラカン　そういう理由ではないと思いますね。逆に海があるということで、陸続きのところとは違う文化の発展を遂げていると思うんですよ。

塚谷　古い習慣がいまだに残っているというのは、ヨーロッパでもあるんじゃないかなと思ったんですよ。

イギリスには、食品業界で有名なBRC（英国小売業協会 British Retail Consortium）という団体があります。これはイギリスのスーパーマーケットの団体がつくっている団体で、食品安全のための規格をこと細かく決めています。ヨーロッパで食品を売ろうというときには、書類をつくってBRCのCertification（認証）を受けないと、ヨーロッパ全体のスーパーで売るのは難しいのです。

バラカン　今でも？

塚谷　離脱した後でも同じです。たとえば、食品に使われている添加物などだけでなくて、パッキングの表面に何が塗ってあるのかということまで、多岐にわたっています。日本の食品メーカーでも、それをパスするのが難しいぐらいの厳しいもので、審査のために分厚い書類をつくるんですよ。他にも、遺伝子組み換えや衛生管理についての決まりもあって、とにかく一番厳しいルールなんですが、それを日本やアメリカに強要してくる。「これじゃなければ日本（アメリカ）の商品を売らないよ」ということです。食品衛生に関しては、常にヨーロッパが先頭を走っている。遺伝子組み換えなど、食べ物に関しては異様なほど厳しいルールがあります。

バラカン　それは消費者を守るためのものだから、正しいと思いますけどね。この前公開された、食品の安全についてのちょっとショッキングな映画があります。『食の安全を守る人々』という映画なんですけど（原村政樹監督、二〇二一年）。日本政府はアメリカの大企業から言われた通りにルールを決めちゃっているので、ほとんどルールがないような状態らしいですね。ぼくより塚谷さんのほうが、そういうことについてはよく知っていると思いますが。

塚谷　ヨーロッパだけがこんなに食品衛生について厳しくて、飛び抜けてる理由はおそらくペストなんじゃないかと思うんです。ペストの記憶があるから、今でも厳しいのではないかと。ヨーロッパではペストで人口が三分の一になったと言われていますよね。そういう記憶はアジアにもアメリカにもないんですよ。

バラカン　ペストはアジアでもありますよ。

塚谷　でも人口が三分の一にまではなってない。

バラカン　規模は違うかもしれませんが、日本も疫病が流行したでしょう。この間たまま『ジャパノロジー』で二回にわたって日本の疫病について取り上げたんですけど、かなり大変でしたよ。

塚谷　オランダ人の友だちが結婚してその家に遊びに行ったら、キッチンがピカピカなんですよ。何もつくってないんじゃないかというぐらい。食べ物を提供するレストランではなおのこと、衛生に関してはものすごくうるさい。しょっちゅうパトロールが来るし、そのときに違反が見つかるとペナルティーはすごく厳しい。何回か違反していると営業停止になってしまう。イギリスはペストの被害が大きかった国の一つで、四回ぐらい来たらしいですね。

バラカン　衛生管理が行き届いていなかったんでしょうね。

塚谷　たとえばペストが来る前の古い絵を見ると、屋台みたいなのがあったりパブでお肉が山盛りになっていたりするんですけど、ペスト後の絵を見るとそういうのがほとんどない。だからペストはヨーロッパにとって、ものすごくインパクトがあったんだなと思うんです。

バラカン　それは当然でしょう。

塚谷　それをいまだに引きずっているから、ヨーロッパには世界一厳しい食品衛生基準ができたんじゃないかとぼくは思うんです。

バラカン　ペストがそれに直接影響しているのかどうかわかりませんが、もちろん影響はないわけではないと思います。でもそのへんは専門家に聞かないとわからないかな。

塚谷　そういうことが深い記憶の中に入り込んでいて、それがエネルギーとなって厳しい基準ができたのではないかと。そしてそれは、日本のコメの生産方法がいまだに日本人の心に残っているのと同じじゃないかと思って。EU統合でなんであんなに喜ぶのか、ぼくには全然意味がわからなかったけど、おそらくそういうことなのかなと。

バラカン　ぼくが日本に来るちょっと前ぐらいにEECというのができたのを覚えています（注）。そのおかげでフランスなどから安いワインが一気にイギリスに輸入されるようになって、イギリス人がワインを飲む習慣が定着しました。当初六ヵ国で、ECになって少し加盟国が増え、EUになってさらに参加する国が増えた。だからいよいよ、これでアメリカに対抗できるんだというその喜びじゃないですか？

注　ECSC（欧州石炭鉄鋼共同体）、EEC（欧州経済共同体）、EURATOM（欧州原子力共同体）が一九六七年に統合されてEC（欧州共同体）となり、一九九三年にEUになった。

塚谷　ぼくはお金だけじゃないと思いましたね。いまだに東欧の人たちはEUに入りたがるし、EUに入ろうと思ってみんな必死じゃないですか。トルコも入ろうと思ってるけど、EUは絶対に受け付けないと思いますよ。トルコはイスラム世界の側だから、それは無理です。

バラカン　そうね。キリスト教じゃないというのと、あと人権の考え方が違うから。

塚谷　トルコを入れるようなことを言ってみたり、駄目と言ってみたりということをいまだにやっているのだけど、絶対に入れないだろうなと思います。あの流れを見てると、過去にモンゴルにボロボロにされ、イスラムにめちゃくちゃにされた記憶から「自分たちはまとまらなきゃいけないんだ」という思いが強いのかなと思って。

バラカン　でも日本のコメ文化が今の都市生活をしている人たちに残っているのと、それとは同じ論理ではないような気がします。

塚谷　もちろん同じ論理ではないんだけど、一〇〇〇年前のものを持ち続けているという点では同じではないかと。たとえば東北でモッコという言葉があって、子供が泣いていると「モッコが来るから静かにしなさい」と言う。モッコというのは蒙古（モンゴル）のことで、一〇〇〇年前に攻め込んできたことがいまだに残っていて「モッコが来る」と言われている。

民族がそういう目に遭ったということは記憶としてすごく長い期間残って、それがEU統合の原動力になっているのではないかと。とにかく、ぼくにしてみればEU統合であれだけ人々が騒いでいるのが不思議で。若い人たちはみんな熱狂しているし花火がボンボン打ち上がるし、すごいなと思って見てましたね。

バラカン　それにつながる何年かの間、ずっといろんな交渉を続け、やっと話がまとまって歴史上一番大きな試み・実験をする。そういうときだからメディアも煽っていただろうし、それでみんな興奮するというのはわからなくもない。ぼくはそのときヨーロッパにいなかったので、もちろんその実感はありませんが。

塚谷　ぼくは第三者として見ていて、なんでこんなふうに興奮してるのかなと思って。

バラカン　そこで「なんでそんなに興奮してるのか」って聞かなかったんですか？

塚谷　まさにEU統合の日は、朝から花火がバンバン上がって、皆、ビールを飲みながらワーワー、キャーキャーやってて。その盛り上がってる最中に、関係のない東洋人である自分がシラケて、「あんたら何で興奮してんの？」なんて怖くて聞けない（笑）。

その前にも議論はたくさんあって、EUなんてやめたほうがいいと言う人もいっぱいいたわけですよ。北ヨーロッパ連合をつくってアングロサクソン、ゲルマン、ノルマンでまとまる。ラテンはラテンで南ヨーロッパ連合で勝手にまとまればいいじゃないか。あいつらと一緒になるのは嫌だ。そういうことを盛んに言っていて。

バラカン　今だってそう考えている人は多いでしょう。

塚谷　ぼくもそういう議論には参加したことがあるんだけど、まずは北ヨーロッパ連合と南ヨーロッパ連合に分けるのが人種、文化的にも、ぼくは落ち着きが良いと思っていたけど、最終的には南も北も全部ひっくるめてEU統合になってしまった。

みんながあれだけ熱狂している姿を見て、これは何なんだろうなと思って。

バラカン　それは束の間じゃないかな。結局、経済的にどの国も同じようにうまくいくわけではないし。

第四章

日本人はなぜコメを主食に選んだのか

1 稲作の起源

†稲作が始まったのはおよそ三〇〇〇年前

バラカン 塚谷さんは稲作が日本人のアイデンティティをつくったとして、現在の日本人の特質と言われるタテ社会、連帯責任、同調圧力など、日本で空気、世間と言われるものは、すべて稲作で説明できると言っていますが、そもそも日本で稲作はいつから始まったんですか。

塚谷 稲作は一万年前に中国の長江（揚子江）の下流域で始まり、日本に伝わったのは三〇〇〇年ほど前の縄文時代と言われています。九州にある縄文時代後期の遺跡から炭化したコメとか土器に付いた籾の痕跡とか、水田跡や水路跡などが発見されています。ですから、確実に稲作が行われていたと考えられています。実は、もっと古い時代の土器から籾の痕跡が発見されているのですが、コメをつくっていた水田の跡が見つかっていないので、外部から持ち込まれた可能性もあって、稲作が行われた証拠にはならないのです。それで「言われている」と、もって回ったような言い方をしたのです。

バラカン　それじゃ、縄文時代にはコメはあったわけですね。証拠が出てくれば、三〇〇〇年より前から稲作が行われていたことになるわけですか。

塚谷　そうですね。確実な証拠がそろっているのが縄文時代の晩期、約三〇〇〇年前ということです。この頃の遺跡からは九州各地で水田の跡とか用水路が見つかっています。

水路跡は見つからないけど、土器に籾の痕跡があるというのは、もっと古い遺跡から出ています。ですから、稲作が行われていたかどうかはさておいて、それより前からコメを食べていた証拠にはなります。少し前までは、稲作は弥生時代に始まったと言われていましたから、今後の調査結果によっては、その時期がもっと早まるかもしれませんね。

バラカン　この頃はコメが主食になっていました？

塚谷　縄文時代にコメが食べられていたと言っても、主食ではないですね。主食といっていいかどうかわかりませんが、主として食べていたのはドングリとかクルミとか栗などでした。ドングリは椎やクヌギの実ですから、秋になってちょっと山に入ればいくらでも採れました。今は山というと、杉の木だらけですが、あれは戦後に建物を建てる建材を確保するために、大々的に植林したからです。それより前は山には広葉樹林が広がっていたので、ドングリは日本中どこでも採れました。ドングリは栄養価も高いので、重宝されていたようです。バラカンさんはドングリを食べたことがありますか。

バラカン　いや、食べたことはないですね。

塚谷　ぼくは一度、子供の頃、生で食べたことがあるんですよ。そのままではとても食べられたもんじゃないですね。ドングリには独特の苦みや渋みがある、よくもまあ、こんなものを食べていたなって思ってました。縄文人も、さすがにそのままは食べられないので、アク抜きをしてから食べていたと思いますよ。

そういえば、ドングリは今でも食べられているんですよ。もっとも、縄文時代と同じ食べ方ではなくて、餅米にドングリの実を混ぜてつくったもので、とち餅というのがあるんですよ。ドングリはアク抜きしたものを使っています。生のドングリを食べたことがあるので、おそるおそる食べたのですが、ほろ苦さはありますが、渋みはなくて「これなら食べられる」と思いました。

バラカン　とち餅ですか。

塚谷　お正月に食べる餅のように板状に伸ばしたものを適当な大きさに切って、焼いたり煮たりして食べるものもありますし、大福餅のようにあんこが中に入っているものもあります。ドングリはどこにでもあるので、日本のあちこちでとち餅は食べられています。ひょっとしたら、縄文時代からの知恵が生きているかもしれないですね。

ちょっと脱線しましたが、縄文時代はコメを食べるようになったと言っても、まだこの時代は狩猟や採取が主だったので、ドングリとかクルミ、栗などを食べていました。コメの食べ方としては、稲穂を火で焼いて食べていたという説もあります。炭化したコメが出土していますから、考えられますよね。ただ、一般的には玄米をドングリやヒエ、アワなどと一緒に、おかゆや雑炊みたいにどろどろの状態まで煮て食べていたようです。

コメが日本人の主食になるのは弥生時代に入ってからです。それも一部の地域に限られていました。主食といっても、朝昼晩三食コメが食べられるというわけではありません。まだまだ、ドングリなどの木の実も食べていました。この頃になると、臼に玄米を入れて杵でつき、精米するようになります。食べ方はやはりおかゆのような状態で「煮る」方法でした。

バラカン　白いお米はいつから食べるようになったんですか。

塚谷　お米は煮るか蒸すかして食べていたのですが、玄米をそのまま煮ると食べられるようになるまで時間がかかります。それだけ燃料が多く必要になるわけです。山に入れば薪は調達できるけど、やっぱり薪も炊きあがる時間も少ない方がいいに決まってます。そこで、精米をして食べるようになり、玄米の状態では食べなくなりました。

白米が三食食べられるようになったのは奈良時代に入ってからで、それも貴族の間だけでした。この頃の白米は、今で言えば一分づきか二分づきぐらいで、白くふっくらとした、現在のようなご飯ではなかったのです。貴族でさえそんな状態ですから、庶民はまだまだコメにアワやヒエを混ぜた「おかゆ」を食べていました。

庶民も白米が食べられるようになったのは、江戸時代に入ってからです。

バラカン　コメは三〇〇〇年の歴史があるのに、江戸時代まで白いご飯は食べられなかったの？

塚谷　そうです。江戸時代は政治が安定したことで、農業技術が発展し、新田開発が行われて、米の生産量が大きく増えました。江戸中期には八代将軍の徳川吉宗による享保の改革で米の生産量がさらに増えました。このため、武士や特権階級だけでなく、庶民も白米が食べられるようになりました。やっぱり政治の安定って大事なんですね。

†コメを食べるようになって人口も増えた

バラカン　なぜ日本人は米を主食に選んだんですかね。

塚谷　まず第一にカロリー量だと思います。コメのカロリー量は一〇〇グラムあたり三五六キロカロリーです。たとえば、現在も東南アジア、インド、アフリカで食べられているタロイモと同じ仲間の、日本人になじみの深い里芋は五八キロカロリーと、コメの六分の一しかありません。主食とするにはカロリーが少ないですね。狭い耕作面積でより多くのカロリーをとれるのがコメだったので、稲作をすることになったんだと思います。

　そういえば、面白い研究結果があるんですよ。推定値なのですが、縄文時代の人口は約二七万人と見られていたのが、稲作が本格的に行われるようになった弥生時代には約六〇万人と、二倍以上に増えたというのです。弥生時代ですから国勢調査があったわけじゃないので推定値なんですが（笑）、それにしても人口の増え方は大きいですよね。そして地域別では、近畿や中国地方では縄文時代の二〇倍以上、四国とか九州でも一〇倍以上に増えたということです。ところが、東北や関東地方ではそれほど差がないのです。

　弥生時代の初期には、稲作は九州地方で盛んに行われていて、その後、東海地方まで広まりました。九州で稲作が始まってから二〇〇年ほどで東海地方まで広まっていますから、割と早く伝わったと言えます。そして、人口が大きく増えた地域は、弥生時代に稲作を行っていた地域と重なるのです。コメを食べることによって栄養が改善された結果、死亡率が低下して人口が増加したと考えられています。

	エネルギー	タンパク質	脂質	炭水化物	食物繊維
コメ（玄米）	356	6.8	2.7	74.3	3.0
コメ（精白米）	358	6.1	0.9	77.6	0.5
ヒエ	366	9.4	3.3	73.2	4.3
アワ	367	11.2	4.4	69.7	3.3
小麦	337	10.6	3.1	72.2	10.8
大豆	422	12.4	19.7	29.5	17.9
里芋	58	1.5	0.1	13.1	2.3
ジャガイモ	76	1.6	0.1	17.6	1.3

日本食品標準成分表（2015年版）

バラカン　たしかに興味深いですね。

†コメは連作障害がなかった

バラカン　日本人がコメにこだわった一番の理由はカロリー？

塚谷　ほかに収量、単位面積あたりどれくらい採れるかということも、大きな要素だったのではないかと思います。中・北部ヨーロッパのように大平原はありません。急峻な山国日本では耕作地は限られているわけですから、より多く収穫できる作物を栽培しようとするのが自然です。

弥生時代に栽培されていたのは、コメ、ヒエ、アワなどです。単位面積あたりの収量を比べてみますと、最も多いのがコメです。コメはアワの一・五倍以上、ヒエの一・八倍以上、大豆の約四倍も収穫できます。これは現在のデータですが、弥生時代でもこうした傾向はあまり変わらなかったのではないでしょうか。

あともう一つ。コメと麦などの違いで一番大きいのは連作障害です。コメは連作障害が出ないので、毎年同じ土地に植えられる。だから一ヘクタールあたりの収穫量（カロリー量）が麦とは違っています。連作障害というのは、簡単に言うと同じ畑に同じ作物を植え続けると、土壌の中の養分が偏ったり、有害な微生物が発生したりして、必ず収量が落ちてくることです。洋の東西を問わず農業生産にとって大きな障害となっています。

バラカン　コメは連作障害が出ないんだ。ヨーロッパの農業は、今年は麦だから来年はジャガイモという感じで、栽培する植物を回してますよね。

塚谷　それが、ヨーロッパ中世に発達した三圃式農業（three field system）で、たとえば、一つの畑では麦をつくり、もう一つの畑ではレープシード（アブラナ種子）をつくる、そして三つ目の畑を休ませるというやり方です。現在では畜産飼料生産も入れて、混合農業と言われる農法ですが、基本は三圃式農業と同じで連作障害を避けて輪作していきます。

バラカン　休耕田（fallow field）ですね。

塚谷　休耕田は、一年間何もつ

混合農業（輪作栽培）。奥が牧草地、中が麦畑、手前が菜種畑（ドイツ北部）

混合農業（輪作栽培）。手前が牧草地、中が菜の花畑、奥が麦畑（ドイツ北部）

くらないので、雑草が生えてきます。そこに家畜を放牧して、その排泄物を肥料にすることで地味を回復させる。そういうふうに畑をくるくると三年間で回していくわけです。ぼくも学生のとき、それについて勉強はしてたんですけど、実際の栽培方法を見ていなかったので、ヨーロッパで本当にやっているのを見てビックリしました。こういう畑を見ていると、菜の花の時期は一面が黄色になりますし、小麦は一面の緑が収穫期になると黄金色に染まるし、とてもきれいですね。小麦の収穫が終わった後は、麦わらを畑に放置するので光に当たって畑一面が金色の絨毯が敷かれたようになり、これまたとてもきれいです。これはまっ平で肥沃な土地ならではですね。ヨーロッパの土って豊かなんですよ。

バラカン　土の性質は国によってかなり違うんですか。

塚谷　そうですね。学生時代に習ったのですが、世界最高峰の土と言われているのはケベック（カナダ）とウクライナです。一万年ぐらいにわたって草が生えては枯れて、生えては枯れてを繰り返してきたので土地は栄養が豊富で、黒土で専門用語ではチェルノーゼムと言いますが、酸性でも、アルカリ性でもない植物に一番良いとされる中性土壌でしかも土と土の間に空気が入っているので、作物がたくさんとれるそうです。ウクライナはヨーロッパだけでなく、世界的にも穀倉地帯として知られていますね。それを支えているのが豊かでまっ平らな地形と土壌なのです。

それに比べると、日本は山岳地帯が多いので傾斜地が多い。そこに雨が大量に降ると、土も、土の栄養分も川に流されてしまい、土に溜まらないんですよ。そもそも、日本の表土は火山の噴火によって火山灰に覆われていますから、表土はそんなに古くありませんし、草が生えては枯れ、生えては枯れを何万年も繰り返してきたわけではありません。それに、火山灰土は、たとえれば軽石でできているようなものだから、水はけが良すぎる。せっかく養分が堆積しても、雨が降ると流されてしまう。そのため、土に栄養分を溜めてきてはいないのです。

その点、ヨーロッパは川ももちろんありますけど、傾斜もなだらかでほとんど平地ですね。中部・北部ヨーロッパは火山がありませんから、何十万年とあのままでしょう。

バラカン ああ、なるほど。

塚谷 アルプスの北側、北ヨーロッパは寒いですよね。デンマークやノルウェーは寒いし、ぼくは気候が厳しいところだなと思ってたんですけど、いざ行ってみたら緑が多いし、木の生長もすごく早い。デンマークもスウェーデンもノルウェーもそうです。北欧は、行くまではツンドラ地帯のイメージが強かった。

夏は白夜で一日中明るく、冬になると氷の世界で植物にとっては厳しい環境だと思ってたんですよ。ところが実際に住んでみたらそんなことはなくて、雨は定期的に降るし、むしろすごく豊かなところだなと思いました。ヨーロッパって、農業生産国としては非常に優位ですよ。日本は全然優位な気がしないですね。

バラカン　どうだろう。日本でも地域によっては、ヨーロッパと同じぐらい豊かな土壌もあるんじゃないかな。

塚谷　聞いたところによると、九州から名古屋ぐらいまでは堆積土壌なんだそうです。九州でも鹿児島は火山灰なんだけど、そこからちょっと北東にいくと堆積土壌でヨーロッパと似たような古い土らしいです。そこではすぐに田んぼをつくれるし、畑にしてもいいそうです。でも関東に入ってくると富士山が噴火したりしているから、表土は火山灰土で、あの辺りから土壌がよくないらしいのです。稲作が名古屋まで伝わるのは割と早かったのに、関東から東に伝わるのは時間がかかったそうです。

バラカン　じゃあ新潟や山形、秋田も……。

塚谷　あのあたりも稲作が入ってきてからそんなに古くないそうです。もちろん二〇〇〇年ぐらいの歴史はあるんですけどね。

バラカン　日本の中でも後になって稲作が入ってきたけど、あのあたりではいいコメがとれますね。

2 日本における稲作の苦難

†江戸時代に関東では土壌改良を行った

塚谷　北のほうでは、冷害でコメがとれないこともあったので、寒い東北でも安定して収穫できるように、品種改良をしてきて、寒さに強い品種が出てきました。現在では東北はコメどころですからね。そして、今は北海道でもコメがとれるようになっていますが、稲は寒さに当たると身を守るために実(コメ)に糖を蓄えようとするから、甘くて美味しいコメになるんです。

バラカン　西のほうには酒米で有名な山田錦もありますけど、食べるコメは北のほうがおいしいですね。それにしても、名古屋から東の土壌がよくないと言われるとビックリですよ。

塚谷　名古屋から東は火山灰が堆積してできた土壌なのですよ。関東には「何とか原」という地名が多いんですね。たとえば相模原という地名がありますが、地名に「原」という字がつくのは木が生えてない場所のことを言うそうです。

バラカン　草原みたいな。

塚谷　火山灰が積もると酸性土壌になるので、木が生えないで草原になる。だから相模原も、今は木が植わってますけど、昔は野っ原だったそうです。江戸時代には何もなかったので相模原という地名になり、その後、人間が植林していった。

バラカン　放っておけば木は育たないけど、人間が植えれば育つわけですか。

塚谷　そうです。あと、東京の武蔵野も、もともと野っ原だった。

バラカン　風に運ばれた種が付いて木が勝手に育つとか、そういうこともない？

塚谷　例外的にはあったかもしれませんね。でも、基本的にはドングリを蒔いて、栗の木を植えていったんじゃないかと思われます。

関東地方の土壌改良は江戸時代に進んでいて、そこでは土を返すんですよ。火山灰が積もってると畑ができないし、もちろん木も生えないので土返しをして耕作地や林をつくっていくわけです。

バラカン　人工的にやったんですね。

塚谷　そうです。江戸時代あたりから収量を上げるために、関東ではそれを繰り返しやっている。なぜなら富士山の噴火も、浅間山の噴火も回数が多くて、だいたい一〇〇年ごとに富士山と浅間山のどちらかが噴火しています。だから、関東地方は火山灰が堆積した土壌なんです。

それに、火山灰は風によって北に流れていくので、東北も基本的には火山灰土なんですよ。学生のとき、土壌学の授業で「火山灰はよくない」と聞いていましたから。

バラカン　場所によって違いがあるのかな。

塚谷　火山灰土は良くないのは習いましたが、詳しくはよくわからない。それで土壌学の先生に聞きに行ったら、火山灰土は酸性なので特に植物の三大栄養素の窒素・リン酸・カリウムをとどめられないそうです。雨と同時に特にカリウムがとどまらずに抜けてしまうので、火山灰は植物の成長にはよくないらしいです。

火山灰土は穴がたくさん開いているので水はけがいい。雨が降ったら、土の中にとどまらないで、すっと地下に流れていってしまう。その土壌のところに田んぼをつくって稲作をするのは大変なことです。田んぼは水を溜めておかなければならないのですが、火山灰土は保水ができない。そこで、江戸時代、田んぼにするのに三年ぐらいかけて、土の表層と深いところを入れ替える天地返しをしたといわれています。

バラカン　ちょっと脱線しますけど、南太平洋の島ではコメをつくってなくて、ほとんどタロイモですよね。だからもしかして、火山灰土でつくれるものはタロイモだけだったんじゃないかなと思うんですが。

塚谷　タロイモは湿地のような水分の多い土壌を好みますから、水はけの良い火山灰土ではつくれないいんじゃないでしょうか。日本でタロイモを主食にしなかったのは、収穫に対してカロリー量が低いからではないかと思います。先ほどもいいましたが、タロイモの一種である里芋は、コメの六分の一のカロリーしかありませんからね。

バラカン　タロイモを主食にしているところはたぶん、それしか栽培できないからなんだろうね。

稲作のやり方は弥生時代とほとんど同じ

塚谷　日本の稲作は、弥生時代からそう大きく変わっていないと言われているのですよ。

バラカン　寒い北海道でも収穫できるようになっているのに、栽培方法は弥生時代と変わらないの？

塚谷　縄文時代には種籾を湿地などに直蒔《じかま》きしていたのですが、弥生時代に入ると、苗代をつくって種を蒔き、その苗を田んぼに植え替えていたと考えられています。当時の栽培技術は、それはいまよりはずいぶん未熟だったでしょうし、農具は木製だったり、稲を刈る鎌は石製だったりと、今とはまったく違いますが、苗を植え替えるやり方は現在とさほど大きく変わっていないんです。

バラカン　田植えは弥生時代からあったんですね。

塚谷　おそらく、直蒔きとか、苗をつくる方法とか、さまざまな方法で栽培してみたのでしょうね。そうしたら、苗代をつくって田植えをすると生育がいいとか、収量が増えることがわかったので、田植えをすることになったのだと思いますよ。基本的にアジア、日本でも昔は直蒔きが普通で、等間隔で植える現代の田植えが本格的に普及したのは近代になってからだそうです。

弥生時代の遺跡からわかるのは、一つのムラ（集落）には約五、六十人が暮らしていて、集落から少し離れた湿地などを田んぼとして稲作をしていたといわれています。五、六十人規模の集落というのは、一つの家族だけで寄り添って暮らしていたにしては規模が大きいですよね。一家族の人数がどれくらいだったのかはわかりませんが、六、七人だったとしたらほぼ一〇家族ぐらいがムラを構成していたはずです。

水路の整備や田んぼをつくる「代掻《しろか》き」、田植えなどは、多くの人手が必要になるし、短期間で集中して行わなければならないため、ムラの住人が総出で作業をしたのでしょうね。こうしたことを集団でやれるのは、稲作には大きなメリットになります。コメにとって必ずしも適地と言えない日本では、種籾を蒔けばコメができるというわけではないため、ムラ人全員が同じ方向を向いて働いていたのだと思いますよ。

†水温を高めてから田んぼに水を引く

塚谷　あと、日本人が稲作にこだわったことの一つに、水があると思います。日本人は顔を洗うとき、歯を磨くときに、水道の水を流しっぱなしにする人がいますし、食後の食器を洗うときにも、きれいに洗うため多くの水を使います。外国人にはそれが、「水を無駄遣いしている」と映るようですね。

バラカン　ぼくが日本に来たとき、最初にそれを感じましたね。日本人は贅沢な水の使い方をしていますよ。

塚谷　日本は水が豊富です。初夏と初秋には「梅雨」がありますし、春には「菜種梅雨」もあります。冬には雪が降ります。降った雨や雪が地下に染み込み、何年か後にはそれが湧き水になって地表に出て、湧き水が川になって流れます。

稲作には水が必要ですが、こうした豊富な湧き水は稲作に役立っています。日本には多くの棚田がありますが、棚田では下の川から山の上まで水を汲み上げて、それからだんだんと下に水を流しているのではなくて、山の上の湧き水を利用して、上から下に水を流すのです。それでも、日照りが続くと水源が涸れたりして、干ばつでコメが出来ない年があるんです。

湧き水は冷たいので、そのままでは稲の生育に適していません。そこで、湧き水を田んぼに引くまでに水温を上げるため、溜め池をつくって水温を上げてから流します。棚田だけでなくて、日本の水田の周りには溜め池があちこちにあります。あの溜め池は水温を上げるためにつくられたものです。あと、田んぼに水を引くまで水路をできるだけ長くとって、水温を上げてから田んぼに引くといった工夫もしてます。

バラカン　少しでも水温を上げようとするのは、冷たい水は稲作には良くないからですか。

塚谷　稲はもともと熱帯・亜熱帯地方の作物だからです。冷たい水はできるだけ水温を上げて、生育に適した水温に高めて田んぼに流

山間部の湧水の水温を上げ、貯水するための、人工の溜め池（関東）

水温を上げるため、カーブの多い稲作用水路（山梨県）

しているのです。
ただ、平野部では水をどこから持ってくるのかが問題になります。そうすると川から水を引いてくることになるんですけど、川から水路をつくる場合、昔だと何千人・何万人も集めて工事をしました。江戸時代には地方の役人さんとかそういう人たちが水路をつくるパワー（政治力）とお金を持っていて、水路をつくると水を使う権利が彼らに残る。だから水が足りなくなったらお金を渡して「うちに水をください」と言って水を使わせてもらう。水がないとみんながコメを食えなくなって村が全滅し、大変な問題が起こる。
日本は役人とか上の人たちに対して、「お上」という言い方をしますよね。お上から何を言われても従わなければコメがつくれなかったし、コメが作れなければ食べ物が手に入らないので死んでしまう。
バラカン　水がないから。
塚谷　そうです。それに縛られていた日本人は、今でもお上に対する感覚が抜けていない。ヨーロッパでは水なんて関係ないから、お上にゃ上役に忖度する必要もない。
バラカン　単に雨が降ればいい。
塚谷　そう。しかも麦というのは同時に種を蒔く必要がなくて一〜二週間、あるいは一カ月ずれても問題ない。コメは田んぼ一帯を水で覆い、水温を上げながら苗を植えるのでかなりの数の人間が関わることになる。今の水路はコンクリート製ですが、昔は土ですからすぐに崩れる。それをみんなで突き固めて直すとか、そういうことを全員でやらないと田んぼが成り立たない。

バラカン 狭い国土で山が七割を占めているから農地が少なく、しかも年に一回しかコメはつくれない。限られた期間にうまく水を引き、ちゃんとコメを育てなくちゃいけないからいろんな無理が生じてくると。

塚谷 そうそう。だからいつまで経っても上の者に対して逆らわない。そうした精神構造ができてしまったのですね。

話を戻しますと、川の水は湧き水が集まって流れています、山間部でなければ水温はそこまで低くない。それでそのまま田んぼに流すこともあります。

バラカン それじゃ、水温調整する必要はない。

塚谷 それでも水温を高めるため、水路を多少長くすることはしてますね。

バラカン 稲作では種籾が発芽するときも水温が高いほうがいいわけですね。

塚谷 東北地方で稲作農家をしていたお年寄りに聞いたことがあるのですが、種籾を発芽させる前に、種籾を麻袋とかカマスの中に入れて、水路の水に浸けるのだそうです。浸種といいます。乾燥した種籾に水分を吸収させるために行うそうですが、何日ぐらい浸けると思いますか。

バラカン　二、三日ですか。

塚谷　三五日だそうです。

バラカン　ええっ、一ヵ月以上も浸けるの？

塚谷　種籾を四月中旬に苗床に移して発芽させようとすると、三月の初め頃には水に浸ける計算になります。東北地方の三月初めというと、まだ雪は降りますし、水路には氷が張っていることもあるそうです。水温にしたら二度とか三度くらいでしょう。そんな中に種籾を浸けるのです。

バラカン　稲の原産地は暖かい地方ですよね。種籾を冷水に浸けても問題はないですか。

塚谷　ぼくも興味があったので調べてみたんですが、問題ないそうです。種籾は麻袋などに入れて水に浸けると言いましたが、外側の種籾は水を吸収しやすいのですが、中の種籾はなかなか水を吸収しにくい。低水温の水に浸けると、種籾に水分の吸収ムラがあっても、長時間にわたって吸収するので、発芽ムラは少なくなるため、水温は低いほうがいいということでした。

種籾が発芽するようになるまでには、水温と日数をかけて一〇〇度にならないと発芽しないのです。桜は最も低い気温の日から、毎日の気温を足して四〇〇度になると開花すると言われていますよね。あれと同じように、気温に日数をかけたものを積算温度といいますが、種籾は水温の積算温度が一〇〇度になるまで水に浸す必要があるので、長い期間浸種するというわけです。

バラカン　今でもそんなに長く水に浸けていますか。

塚谷　いや、水温が高い地方ではもっと日数は短いです。それに、農業技術も進歩していますので、今では浸種する前に薬剤に一昼夜つけてから乾燥させることで、浸種はだいたい七日間くらいで済むそうです。それでも一週間は浸けるんですけどね。そして、十分に浸種した種籾を蒔くと、一〇日ほどで田植えできる大きさの苗に育ちます。

タイやインドネシアのような熱帯では、種を蒔きさえすればいいのに、コメにとっては厳しい環境の日本では、いろいろと手間をかけることになるのです。

†日本地図を見て部下がビックリ

バラカン　日本は気候的に厳しいと言うけど、アジアでもモンスーンの影響で熱波がありますよね。しばらく前の新聞に、バングラデシュは三日間の熱波で今年のコメはもう駄目だと出ていたんです。バングラデシュでは三期作が主流らしいですけど、種を蒔くために借金をしたのに、全部駄目になってしまったから、生きるか死ぬかのような体験を味わっている農民がかなりの数いるそうです。

塚谷　そうですか。バングラデシュのような稲作に適したところでも、種籾を買えない農民がいて種蒔きができないというのは、ちょっと驚きますね。たしかに、種籾がなければ、三期作できようとも、コメづくりはできないですからね。

それはさておいて、日本の冬は寒いから、コメは年一回しかとれない。ですから一回失敗すると、食べるものがなくて、一家全員が死んじゃうわけですよ。

バラカン　江戸時代の東北にはずいぶんそういう話がありましたね。

塚谷　一つの村ごと全部餓死してしまうことがあったようです。だけど、タイなどではコメが年に三回とれるので、一回失敗してもたいしたことはない。夏に蒔いた種がモンスーンの大雨で全滅しても、また冬につくればいい。インドも場所によって違うと思うんですけど、水田さえつくれば、年に三回は収穫できるんじゃないでしょうか。

日本は年に一回しか収穫できないから一回しくじったら終わりだという恐怖心があるので、台風が来れば水路を見に行き、命を賭けてコメを守ろうとする。でも、他のアジアの国ではそこまでの逼迫感・緊張感はない。

たとえば、タイではコメも年三回とれるし、気候がいいから一年中マンゴーとか果実が実っていたりして、コメができなくても飢餓感はまったくない。コメが採れなければマンゴーを食べればいい。だから、タイ人と日本人ではメンタリティーというか、心のでき方がまったく違うと思うんですよ。

ぼくはデンマークやオランダで、部下にそういうことも話したことがあります。同じアジアだけど日本は寒いんだよと。ぼくはデンマークの教科書に載ってる地図を見たことがあるけどビックリしました、それだとデンマークがど真ん中にドーンとあって、ヨーロッパが東西に広がっている。アジアは右（東）の端に潰れて写っているから色や形がよくわからない。それだとイメージできないですよね。だからぼくが日本の地図を持って行ったのです。そしたら、みんなそれを見て驚くわけですよ。真ん中に日本がある地図を見て「おーっ！」と（笑）。

バラカン　誰でも、初めて見るときはビックリすると思いますよ。

塚谷　そうですよね。ぼくが日本の地図を見せ

日本が右端にある世界地図（オランダの中学校にて）

ると、デンマーク人もオランダ人も「こんなものがあるのか！」とまたビックリする（笑）。地図を見せて、熱帯のタイやインドネシアと日本の関係を緯度から説明すると、日本は寒くて南方の食べ物であるコメをつくろうとするといろいろな無理が生じることを、ようやくわかってくれる。

日本人のコメのつくりかたについてとか、ついこの間まで食べるものがコメしかなかったとか、そういう話をいろいろとしましたね。彼らの主食はパンなのに、麦のつくり方も知らないんですよ。

バラカン　農業をやっているわけじゃないから。

塚谷　そうなんですよ。春になると「そういえばこの間まで麦が実って畑が黄色かったな」というぐらいにしか思っていないのです。麦がどうつくられているのかわからないし、ただ蒔けばできるというぐらいの認識しかないんです。まあ、それはある意味で正しいのですが。日本の場合も、ほとんどの日本人はコメのつくり方をよく知りません。ただ田んぼに水を引いて田植えすればいいというぐらいの認識しかない。だから、そこにまつわる大変な苦労やシステムについてもわかってない。

ヨーロッパの人たちも「麦はただ蒔くだけでできるだろう」という感じでわかってないんですが、そこで「麦っていうのはこうやってつくるんだよ」と説明すると、「えっ！

知らなかった。そんなに簡単だったの？」という反応が返ってきます。それでさらに稲作について「田んぼは水を引いてつくるんだよ」と言うと、また驚くわけです。

ぼくはスペインに行ったとき、稲作はどうなっているのか興味があったので、田んぼを見に行きました。

日本の米（ジャポニカ種）

†ジャポニカ種は脆弱で手間がかかる稲種だった

バラカン　スペインではパエリアとか、コメ料理を食べますよね。

塚谷　スペインの田んぼは一枚が一ヘクタールぐらいあって、そこに水を引いてコメをつくってるんだけど、つくり方が日本とはずいぶん違っています。畦《あぜ》の幅も高さも一メートル以上あるんですよね。育て方が雑な感じがしましたが、それは中粒米で、ジャポニカ種とインディカ種の雑種で強健な稲の種類だと思います。

バラカン　畦が堤防みたいな感じですね。

塚谷　そうなんです、畦の上から見ると、田んぼが堤防に囲まれているみたいな感じでした。田植えはしてなくて直蒔きみたいでした。やはりスペインも畔にカエルがいて、畦道から田んぼまで一メートル、大ジャンプで水に飛び込んでました（笑）。

バラカン　じゃあ蒔きっぱなし？

塚谷　そうです。スペインでも蒔きっぱなしでしたけど、ちゃんと育ってましたね。

バラカン　日本のコメづくりは本当に大変なんだ。

塚谷　日本では収量を上げる必要があるんですよ。狭い国土で収穫量を多くしなきゃいけないから、苗を育ててそれを田植えする。

バラカン　それは日本だけ？

塚谷　日本の農業技術が伝えられたベトナム、タイ、台湾では田植えをしますが、ほかのアジア諸国は今でも、たぶん直蒔きも多いと思います。

バラカン　インドネシアも苗を田植えしますか。

塚谷　直蒔きもあると思いますが、田植えも多いと思います。日本の狭い国土で当時、何千万人かの胃袋を満たすためにはそれに見合う収穫をあげなきゃいけないから、そういう農業になった。

バラカン　直蒔きにするとどのぐらい量が違ってくるんだろう。かなり少なくなるということ?

塚谷　そうですね。農林水産省では直蒔き農法の実証実験をやっています。それによると、直蒔きは田植えをする場合と比べて収量は九割程度だったという結果が出ています。一割しか収量は変わらないんじゃないかと思いますよね。しかし、これは収量を上げるための試みをした結果の数字であって、海外の直蒔きはそうした工夫がされていないので、もっと収量が少ないと思います。

日当たりが良く雑草も取りやすい、等間隔で田植えされた稲(関東)

バラカン　なるほど、田植えをするのは、収量を上げるためにわざわざそうしているということですね。日本人はみんなそれをわかっているんですかね。

塚谷　いや、農業をやってる人しかわからないでしょうね。それと、もう一つ日本の稲作が大変な理由は、稲の品種にあります。稲にはジャポニカ種(短粒)とインディカ種(長粒)があるのはご存じですよね。日本ではほぼ一〇〇%ジャポニカ種ですが、太古に日本に入ってきたジャポニカ種は、実はとても弱い性質なのです。インディカ種は強靱で雑草に強いのですが、ジャポニカ種は雑草に弱いので、日本の稲作は他のアジアのインディカ種稲作より、人手も手間も余計にかかります。

バラカン　ジャポニカ種ってそんなに大変なんだ。

塚谷　そうなんです。あともう一つは、前に話したように少し早く種を蒔くんですね。直蒔きすると芽が出るのが遅い。早めに種を蒔き、ある程度育ったものを田んぼに植えたほうが生長期間が長くなり、しかも雑草との成長競争にも有利になるんです。田んぼは水によって雑草の種類が少なくなり駆除がしやすいというメリットもあります。直蒔きして芽が出てくるのがたとえば五月の初めだとすると、四月に種を蒔いて温かい環境のもとである程度の大きさに育てて、それを等間隔で植えると、一株一株によく日が当たるので、生長期間が長くなって、稲がよく育つというわけです。人手をかけて、こうすることで雑草に弱い脆弱なジャポニカ種もうまく育つんです。

バラカン　手間のかかる作物でも、人間の胃袋を満たすには、稲作が大切だったということでしょうね。

†通貨はあったがコメはお金として流通していた

塚谷　日本での稲作はとても長い期間にわたって、集団で作業しなければならなかった。しかもそのコメが主食であっただけでなく、通貨としても使われてきました。

バラカン　日本でも銭とか小判という通貨はありましたよね。それなのにコメが通貨として使われたというのはどういうことですか。

塚谷　江戸時代までは、農民の納税にコメが使われていました、税金はコメで払っていたのです。また武士の給料も石高といってコメの単位で決まっていました。コメが実際に通貨として、銅貨、銀貨、金貨と併用されていたんです。完全に貨幣経済に移行したのは、明治時代に入ってからです。今は、コンビニに行けば、おにぎりが安くいくらでも買えますが、その当時の日本には、メシを食うことが精一杯の人たちが多くいました。これは、日本に限らず、一〇〇年くらい前まで、貴族階級以外の一般民衆は、北米もヨーロッパ人も食うことだけで精一杯の人が大多数だったんです。

明治以降でも、地方ではコメでの支払いがあったと聞きました、東北地方の農家の方に、この家は戦前に建てた家なんだけど、家を建てた時大工さんにコメで支払ったという話を聞いたことがあります。神奈川の農村でも戦前はなにしろ現金がなかったので、田畑、土地で支払ったり買ったりしていたそうです。

バラカン　ということは、昭和になってもコメはお金と同じように使われていたというわけですか。

塚谷　そうですね。飢饉が起きれば、食べるものがなくなりますから、世界ではその対策として他の作物に転作したり、家畜を増やしたり、酪農の増産をするといった、いわゆるリスク管理を当然のように行ってきました。ところが日本は温帯気候であるにもかかわらず熱帯・亜熱帯植物のコメに固執しました。コメは大切な主食というだけでなく、お金だったからです。コメがお金の日本は冷害が起きるとたちまち、コメ不足になり、餓死することになってしまいます。日本の通貨の歴史は一六〇〇年もあります。それなのに、国内では貨幣経済とコメ通貨経済が入り交じっていて、ほんの一五〇年前まで、実際にコメで税金の支払いが行われていた。

コメがお金なので、より安全な、冷害に強い食物の生産や、畜産に切り替えることができなかった。まあ、畜産が発達しなかった理由には諸説あって、「肉食禁止」という仏教思想の影響かもしれませんね。今となっては考えられないことですが、近現代まで冷害が起きれば飢饉が起こり、口減らしを兼ねて子女の身売りをしたり、餓死者が出たりしていたんです。

それに対して、ヨーロッパでは早くから通貨が発達したことから、農業が大きく変わりました。通貨が発達する前の農業は、自給自足の荘園型農業でした。狭い範囲で穀物とか、畜産物をつくって物々交換するといった農業です。それが、通貨が発達したことで、適地適作の農業ができるようになったんです。小麦の生産に向いた土地では小麦をつくり、ブドウの生産に適した土地ではブドウをつくり、草原では乳牛を飼い、牛を育てる。そして、小麦からはパンやパスタをつくり、ブドウからはワインを、牛乳からチーズをつくる。自分がつくった農作物をお金に換え、必要な食料をお金で買う。物々交換は近くに住む人の作物でなければ手に入れられませんよね。ところが、通貨であれば、どんなに遠くに住む人の作物でも手に入れることができます。農家からしてみると、効率よく安全に農作物を生産できる体制が整うことになります。通貨によって、農業は大規模化も進み、より安全な食料供給体制をつくることができるようになった。

一方、日本は戦後、民主主義の国家にはなりましたが、つい最近まで稲作がすべてだった時代から連綿と続いた、日本独自の稲作組織のあり方が、現代でも少しも変わっていません。変えられないのは、あまりにも長い間の、生死をかけた苦難の稲作の歴史があるからなんです。

第五章

日本人のアイデンティティを形成した稲作文化

1 村八分の論理

†日本の稲作は今でも集団でなければできない

バラカン　ヨーロッパの農業と日本の農業の違いは、畑作と稲作の違いになるということでしたね。まず具体的に説明してください。

塚谷　ここで整理してみましょうか。

ヨーロッパの畑作は、小麦にしても、ジャガイモにしても、畑を耕して種蒔きの準備をし、種を蒔いたらそれで終わりです。種を蒔く時期ですが、小麦の場合は春蒔きと秋蒔きがあり、春蒔きは四～六月頃に蒔いて九月頃に収穫します。秋蒔きは一〇月中旬頃に蒔いて翌年の七～八月頃に収穫します。蒔く時期はそれぞれの農家が自分の考えで決めることができます。

稲を強く立派に育てておかないと夏の台風の水害、風害で収穫できなくなる恐れがあるので、それに備えて冬からスケジュールを組んでいるんです。日本の稲作は、予定されたスケジュール通りに、時間管理をしっかりしないと収穫できません。まず田植えの日程を決めたらそれに合わせて逆算していきます。種を蒔く前に水路を整備して、田んぼを耕し、苗代をつくり、種を蒔いて苗を作り、四月下旬頃から田植えをする。稲は雑草に弱いので常に雑草を取り除く、苗の発育に合わせて田んぼの水位を調節する、こうした作業によって台風前までに稲をしっかり強く育てる。弱い稲で風害にあって倒れて水没したら収穫できず、下手をすると一村全滅です。そして九月下旬頃に収穫が始まる。水の管理は集落全体のことなので、集落総出で水路の整備をします。また、田植えはある時期に集中して行う必要があるため、綿密な時間管理、集団の管理も行うことになります。日本の稲作は、年一回、失敗が許されないので厳格な時間管理、作業項目、集団の人数管理、調整等とスケジュールが緻密となり、やることが多いんです。

バラカン　日本人は意外と、どんなことでも細かいことにこだわる。その精神はありますね。「ディテールにどうしてここまで?」というほどこだわるし、分類したがる。これはもしかして農村社会に関係しているんじゃないかと思うことがありますが、やっぱりなるほど、日本人はスケジュールをきちんと組んで、それにこだわって時間の遅れにうるさい。時間の管理がヨーロッパ人と違って異常に思うことがありました。

塚谷　現在の稲作は機械化が進んだので、トラクターを使って田んぼを耕し、田植機で田植えをし、コンバインで収穫するというように、個人でもやれるようにはなりました。その結果、高額の機械を買うことになったのです。ある農家の人が「うちにはベンツが三台ある」と言っていたので、「へー、それはすごいですね」と言ったら、先方は苦笑いをしていました。よくよく話を聞くと、農業機械は高額なので、トラクター、田植機、コンバインの三つを買うと、二〇〇〇万円を超すそうです。この金額ならベンツ三台は買えるという意味だったのです。それも「一年に数回しか使わない機械のためにその金額を払わなければならないんだよ」と自嘲気味に言っていました。

バラカン　日本の農民は大変なんですね。

塚谷　機械化できるようになったと言っても、田植えの前には集落総出で水路の整備をします。いまだに集団でなければできないことがあるんです。ヨーロッパの農業はすべて個人でやれますが、日本の稲作は集団でなければできないことがいまだにあります。

バラカン　集団主義ですか。

塚谷　集団主義の良い面もたくさんあります。その良い面が出ればいいんですが、実際に問題なのは日本人の自己主張・自己アピールが少ないことです。だから体制に潰されちゃう気がするんですよね。たとえばヨーロッパの民主主義国の人たちは自己主張が強く、よくないものはよくないとはっきり言うし、何が起きようと正義とはこれだと突っ走る力がある。ところが日本人は根本にそれがないから、なしくずしになって終わっちゃう。ただ状況を傍観しているだけで「これが正義なんだ」「これが正しいんだ」と主張しない。

前に話したオランダの地下鉄の工事については、一つの事故をきっかけとして世論がいきなり反対側に振れるわけですよ。こんなものは潰してしまえばいいと。でも日本ではそういうことは起きない。個人が持つ正義とはいったい何か。人間が死をも賭けて正義を守るという教育が日本にはない。ヨーロッパには割とそれがあると思うんですよ。それはキリスト教から来ているのかどうかわからないけど、ヨーロッパの人々があれだけダイナミックに動くのは、根本的な正義への意識が強いからではないかと。

バラカン　正義の考え方に関しては日本だけじゃなくて、アジアの他のところでも似たり寄ったりじゃないかな。ぼくが来た頃、親孝行とかそういうことを口にする人が多かったので、日本は儒教の影響が強い感じがしました。最近はあまり言わなくなったけれど、その印象が強かったのを憶えています。韓国はいまだにそうみたいですし、中国でもある程度残っていると思うので、東アジアはその影響が強いでしょうね。

塚谷　たとえば、ずいぶん前のことですが、成田空港の開港をめぐって三里塚闘争がありました。地元の農民が「こんな空港は不要だ」ということで新左翼活動家たちと連携して反対闘争をやっていたわけですが、彼らは「これは正義の戦いだ」と思っていたはずです。だけど、日本では全体的な世論がそっちに振れなかったですね。

バラカン　成田の反対闘争は、ぼくが日本に来てから起こったので知っていましたが、反対運動が収束して、開港したあと何年もの間、呆れるような物々しい警備体制が続きましたよね。

塚谷　つまり「あれは正しい」と声をあげる人が少なかったということですよね。ヨーロッパだったら裁判になって強制的にやるから、割と早めに空港ができたんじゃないでしょうか。ヨーロッパでは、高速道路の場合にしても、みんな「ああ、そりゃ、そうですね」ということで国民も、住民も納得して裁判もなく土地収用がはじまります。

†「一人でも反対したら橋はつくらない」

塚谷　それは違う形の農民的集団主義なのです。日本では公共の福祉の前に、とりわけ土地の財産権についてはかなり無限の主権の主張を認めています。日本のリベラルの人たちってなぜか「橋の論理」が好きなんですよ。

五〇年以上前のことになりますが、美濃部亮吉が東京都知事時代、「橋を一本架けるのに反対する人が一人でもいたら架けない。公共事業はそれで行きます」と言った。それが「橋の論理」なんですが、当時のリベラルの人たちはそれに対して「素晴らしい！　全員賛成でないものはつくれない」と拍手喝采したんですよ。それで東京の国道はこんなにめちゃくちゃで、いつまで経っても必要な道路ができない。

土地を持っている人が一人でも抵抗したらダメというのはとんでもない話です。東京でもともと土地を持っている人はほぼ農民ですが、その人たちの土地の所有権をほぼ無限に認めていて、「ここに道路つくるからどいてください」と言えない。つまり日本は、土地の所有権を非常に拡大して認めてるんですね。

バラカン　一人でも反対したら公共事業をやらないというのは、民主主義の原則からしたら、信じられないことです。

塚谷　ヨーロッパに住むと、それは感じますね。また、それが国益にもつながると思いますよ。日本は島国ですけど、ヨーロッパでは戦争中、オランダやデンマークはドイツに占領されるということがあった。その前にも戦争があって、ぐちゃぐちゃになっているわけですよ。だから国益を重要課題にして、国を豊かにしなければ、他の国に侵略される恐れが多分にある。結局のところ国境なんかあってもないのと同じだから、彼らは国益というものにかなりエネルギーを注いでいると思うのです。自分の国をある程度豊かにして、強い軍隊を持たないと、他の国に侵略されてしまう。いつドイツが襲って来るかわからないし、いつフランスが侵攻してくるかわからない。そういう状況なので、国としてまとまって国益を考えないことには存続が危うくなる。

†経済効率を考えるヨーロッパ、考えない日本

塚谷 ヨーロッパ人の働きぶりはゆったり見えますよね。ところが日本人は、長時間通勤にも不満を言わないで、まじめにこつこつ長時間労働をしています。では経済効率が低いのはどっちかと言うと日本です。道路一つとっても、日本の高速道路は有料ですが、ドイツの高速道路アウトバーンはタダで、すいています。

たとえば内陸の高崎から横浜港までの距離は一二〇キロ程度、輸出貨物を運ぶとすると、関越（自動車道）の出口から首都高に入るまで渋滞するし、首都高に入っても渋滞するので一往復しかできない。それがドイツだと、同じくらいの距離のブレーメンからハンブルク港までは、道が空いているので一日二往復できる。経済効率が日本とまるで違います。しかも、日本の港は山が迫っているせいか港の周りの道が狭くて、渋滞で荷揚げ・荷下ろしに時間がかかりますが、ヨーロッパはどこの港でも周辺道路は特に広くつくられていて、荷揚げ・荷下ろしにあまり時間がかかりません。

一人でも反対したら公共事業ができなくて、必要な道路がつくれないとどうなるのか。ドイツと比較するとよくわかると思います。日本人がいくら忍耐強く渋滞を我慢しても、ドイツに経済的に勝てない。すなわち国益を考えていないんですよ。今こそ国益のことを

考えなきゃいけないのに考えていない。そこに根本的な問題があります。

バラカン　たしかに、日本は戦後の一時期を除いては、侵略された歴史はありませんね。

塚谷　民主主義的な考えがあれば、日本の国益を最優先すべきと思います。

国益に鈍感な日本の根本的な原因は、海に囲まれてるからじゃないかと。鎌倉幕府の時代に蒙古（元と高麗の連合軍）が攻めてきた（文永の役・一二七四年、弘安の役・一二八一年）けど、幸いなことに撃退しています。それ以降は外敵がいたわけじゃない。日本は島国でずっと海に守られてきた。イギリスもそういう意味では似てますよね。

バラカン　たしかに似ています。

塚谷　でもドーバー海峡はすぐ渡れるから、日本海のほうが厳しいですよね。

バラカン　日本でも海外から近いところはありますよ。福岡から韓国なんてすぐだし。大陸との関係でイギリスとすごく似ているところがあるし、社会的にも似ているところがありますが、イギリスが究極の個人主義であるのに対して日本はその真逆です。じゃあどっちがいいかということでもないんですけど、ぼくはこの国で暮らすことを決めたわけだし（笑）。

塚谷　どちらもいいところもあれば、悪いところもあると思います。

バラカン　良し悪しというよりは、都合がいい悪いということになるかもしれないけど。

†武士のメンタリティーが広まったのは明治以降

塚谷　日本人の考え方は親から子供、子供から孫でそんなに簡単に変われるものではありません。人間のものの考え方は、前の時代の考え方に引きずられることもあると、本で読んだことがあります。イギリスの貴族的な発想は、貴族がほとんど死に絶えた後に中産階級以下に広がったと言われているし、日本の武士のメンタリティーもまさにそうですよね。徳川幕府ができてから武士はほとんど戦わず、三〇〇年ぐらい牙を抜かれた人たちで、しかも人口の数パーセントぐらいしかいなかったわけです。そういう人たちのメンタリティーが庶民に広まったのは明治時代以降と言われています。

バラカン　なるほど。

塚谷　たとえば「うちの主人が」という言い方をしますけど、あれは武家の言い方です。日本の古い家制度で家父長制というのがありますが、あれは江戸時代の武家をモデルに明治政府がつくったものです。江戸時代の家ってもっとめちゃくちゃで、家を存続させるためには養子でも何でもありで、血縁なんかどうでもよかったのですよ。

バラカン　家を守って商売を続けてくれるのであれば誰でもよかったんですね。

塚谷　それは日本だけでなく、けっこういろいろな国で言われています。たとえばポーランドには一九世紀までシュラフタという貴族階級があった。ポーランドはロシアとの戦争に負けて国土が大幅に縮小され、最終的にはロシアに占領されてしまうんですけど、国が消滅した後、ポーランドの貴族的ヒーロー・ヒロイズムみたいなものがシュラフタ文化として現代に生き残っている。それは日本の武士のメンタリティーに非常によく似ていると言われています。

日本では敗戦後、農業社会が完全に終わって地方の農家が解体し、みんな都市に出ていって東京や大阪、名古屋などに人口が集中した。かつては七〇〜八〇パーセントだった農業人口が三〇パーセントぐらいまで下がっているにもかかわらず、農村のメンタリティーが日本を支配したのは、むしろ戦後なのではないかと、私は何となく思っていました。そういうものは遅れてやってくるんじゃないかと考えているのですよ。

バラカン　面白い考え方ですね。

神道の結婚スタイルはキリスト教が下敷き

塚谷　『武士道』や『葉隠』って本がありますよね。それ関係の本を読み漁ってたあるとき、昔の日本の精神的な部分が気になりだして、江戸時代の専門家に取材したことがあるのです。そのときぼくは自分が考える稲作と日本人の関係性をお話ししたのですが、その考え方は正しい気がすると言われました。昔、農民は字を書けなかったから、体系的に書かれた農民道というのは存在しないんだけど、武士の世になって、それが武士道になり代わっただけで、あれは本来、農民道が基礎になっているかもしれないと言われました。集団主義的な農民道という道徳観があり、それがそのまま武士道になった可能性があると。武士道の、あの妙な集団主義的な考え方とか家父長制とか、上の者には従わなきゃいけないとか、あれはまさに農民道そのものの気がすると。

もっと言うと、伝統と言われているものにはあまり伝統じゃないものがいっぱいあります。たとえば神前結婚式というのは、キリスト教の結婚式をまねて新たに作成したものと聞いています。

バラカン　えーっ！　キリスト教が下敷きになっている？　意外ですね。

塚谷　神前結婚式は明治になってつくられたもので、そういう意味では百数十年の歴史しかないんです。

バラカン　江戸時代に結婚するとき、儀式は何もなかったんですか？

塚谷　庄屋とか豪農など裕福な家は自宅で祝いの宴をしましたけど、そうでなければ、村の寄り合いでささやかな宴をやるだけですね。武士でさえ自宅で祝いの席を設ける程度でしたから。あとはその日になったら二人が一緒に住み始める。

バラカン　契りとか何もなくて。

塚谷　ないですね。日本の古くからの農家は、家の造りは田の字のようになっていて、戸をすべて開け放つと、大きな一つの部屋になります。それは家の中で結婚式やお葬式をするなど、何かのときに使えるようになっているんです。農村出身の友人に聞いたことがありますが、昭和三〇年代には結婚式やお葬式は家でやっていたそうです。だから、彼の家には来客用のお膳や食器なども二、三十組は揃えてあったそうです。

日本では冠婚葬祭はつい四、五十年前まで、特に地方では自宅でやっていた。ヨーロッパは昔、教会でやってたんでしょ。

バラカン　どのぐらい昔ですかね。

塚谷　ぼくがオランダでいろいろな教会に出入りしていたときに聞いたんですけど、昔、若い人は彼氏、彼女を見つけに教会に来ていたのだそうです。教会で知り合って、そこで結婚式を挙げて夫婦になる。実は教会は祈りの場所というよりも昔は音楽を聴いたり出会ったりとの社交の場所だったと。

バラカン　人が交わる場は教会ぐらいしかなかったかもしれませんね。

塚谷　だからそれは自然なことですよね。日本ではそれがムラの寄り合い、神社、仏閣だったのでしょう。

神社では、コメはいつ田植えをするのか、豊作か、不作を占う。そして無事にコメの収穫を終わらせ、収穫祭、奉納の舞とかの年間行事をするところで、集会場、出会いの場でもあった。宗教というよりはむしろ稲作のための儀式・暦のようなもので、そういうコメにまつわる文化が日本人をつくりあげていることに後で気がつきました。

神社は農業とはあまり関係がないと思っていたらそうじゃなくて、コメづくりに基礎を置いた神事といわれる儀式が多い。山梨の神社に取材に行ったとき、神主さんにこう言われました。お供えはコメが主体でコメの加工品であるお餅やお酒を担っていると。そしてコメだけでなく、他の農産物、大豆や麦についても何月何日に植えるとかそういうことを占うそうです。

バラカン　そういうことを神主が占いで決めるんですか。

塚谷　ええ。ぼくも詳しくはわからないんですが、何かを温めて割れた形を見て占うそうです。もちろん、それなりに日にちの範囲はあるんでしょうけど。日本のベースは稲作にあって、日本人の考え方も稲作がベースになっている。

バラカン　今でも、田植えの時期をそれで決めている人たちがいるんですか？

塚谷　実際に昔の稲の作業スケジュールを見せてもらいましたが、昔はそうだったようです。もちろん今はもっと科学的になってますよ。これはたぶんバラカンさんも感じているでしょうけど、今の日本は経済だけでなく、全体的に下降線をたどっていて、それと逆行する形で中国が伸びてきている。ついこの間までは全体的に日本のほうが上だったけど、その後いろいろな現象があって今がある。

ヨーロッパ人は個人主義で自己主張が強く、日本人はコメづくりに由来する「文句を言わず、組織の一員としてそこにいれば生きていける」という感覚がある。おとなしく生きて毎日コツコツ勤勉に働いていれば毎日ご飯が食べられるけど、その組織から出るともう生きていけない。

こうした日本人の行動原理が稲作から起こったということを、これから具体的に話していくことにしましょう。

†ルールを破ると科される罰「村八分」とは

バラカン　それじゃ、まず集団から一人だけ外れるときの圧力の強さから話してもらえますか。日本人は集団主義だから、一人だけが別の行動をとるのは、かなりの勇気がいりますよね。

塚谷　先ほども言ったように、稲はもともと熱帯・亜熱帯の農作物で、温帯気候の日本には適さなかったのですが、徐々に品種改良により寒冷地栽培種ができました。春に育て始めて、水量を必要とする梅雨を経て、高温多湿の夏に実りの時期をあて、気温が下がる秋に収穫するという、モンスーン気候の日本の四季の条件に合わせて育つように工夫されてきました。

モンスーン気候が今の日本人の特性を形成したという理論があります。書籍でいえば和辻哲郎さんの『風土』(岩波文庫)がそうですね。たしかに日本の気候、風土と稲作は日本人の特性に関係してはいますが、これはモンスーン気候というよりは日本の特殊な稲作農法の問題でした。一年に一回だけの収穫です。全国的に二期作には適さないことから、その一回の収穫を一〇〇%成功させなければなりません。失敗すると、その年に食べるコメがなくなるので、餓死に直結します。

前に話したことと重複しますが、失敗しないためには、水が抜けないように田んぼの整備も必要ですし、川から水を引く大規模な灌漑施設も必要になってきます。日本でつくるジャポニカ種はインディカ種に比べると弱いのですが、水を適切にコントロールできれば、収穫量を上げることができる品種です。田んぼの水位を成長に合わせて精密にコントロールすること、山から流れてきた冷たい水を水路の長さや溜め池を利用して適温まで上げて田んぼに流し込む仕組みなどが、必要になります。

収量の多い日本の水田稲作は、一人だけではできません。日本で稲作をすることには、意思統一の図られた集団が必要でした。そのためには、農民一人ひとりが集団の中で、それぞれの役割をちゃんと果たす必要があったのです。

組織の中で誰かが手を抜いたりして機能しないと、それが連鎖して全体に影響をおよぼし、最悪の場合は収穫できずに一村全滅です。このことを集団の全員が認識していてお互いを監視してまで、すべてを厳格に着実にスケジュール通りに作業する必要があったのです。

バラカン　それが「日本人の暗黙のルール、空気、世間」だったんですね。

塚谷　そうです。明文化されたものではありませんが、集団の全員が理解していました。常にそのルールに従うことで稲が収穫できたのです。

その決まりを破れば、重い罰が待っています。村八分です。村八分になると、残りの二分である冠婚葬祭以外、村人が対象者に力を貸すことはなくなります。八分ではなく実際にはもっと厳しい罰則もあったと思います。

村八分というと、すでに言葉だけしか残っていないように思われるかもしれませんが、今でも日本の社会で見かけることがあります。日本社会に蔓延する、いじめとかがそうだと思います。学校なんかで行われているいじめで「無視する」「仲間はずれにする」というのは、まさに村八分です。その明文化されてないものが現代でも残っていて、それが、空気とか世間という言葉で表される日本人の暗黙のルールの実態だと思います。

バラカン　もちろんいじめの問題は日本社会に限ったことでなく、欧米でも世界でも大きな問題になっています。

塚谷　古くは、ヨーロッパの魔女狩りも一種の度の過ぎたいじめです。

バラカン　そうか、魔女狩りがいじめ、とすると、その点では日本社会と変わらないんですね。

塚谷　個人主義のヨーロッパでも、現代にも集団主義的な思想がありますよね。たとえば、ヨーロッパでも古い組織を残している地方市庁舎組織、教会組織などの人間関係は、日本の集落そのものではないかと思うことがあります。

この場合、農業でつながっているのではなくて、狭い地域で仲よく代々暮らしていく知恵だと思うのです。なんとなく先祖代々の上下関係が出来ていて、名門家と一般家、男尊女卑的な傾向が見られて、その役割もハッキリ分かれています。

ただ、日本の集団組織は欧米とは比べものにならないくらい強固な集団です、集団でしかできない稲作ですから、ごはんが食べられるのか食べられないか、つまり生きていけるかどうか、集団に属すか属せないかは生き死にの問題ですからね。欧米のご近所さんと仲よくする程度の集団意識と、日本の集団意識は次元の違う厳しさがあると思います。

バラカン　たしかに集団意識には問題がありますが、プラスに働くこともあります。たとえばコロナウイルスの蔓延については、いくつかの波があったものの、二〇二一年一一月現在の感染者が低い水準を維持できているのは、まじめにマスクを着けている多くの人々の集団意識によるものだと思います。監視し合いすぎという問題がないわけではないですが。

塚谷　集団主義によって、良い製品を生み出す社会インフラも、世界にも稀なほど秩序だっています。日本の電車は、時刻表通りに運航されていて、少しでも遅れると「この電車は定時より三分遅れで到着いたします。遅れましたことをお詫びします」と車内放送があります。三分の遅れなんか気にしない人がほとんどだと思いますが、すべてのことにきっちりして、整理整頓、掃除まで行き届いています。ヨーロッパでは逆に時間通りに電車が来ることが稀なくらいです。遅れ、変更、欠便なんて当たり前で、ぼくもヨーロッパの見知らぬ駅で突然降ろされてホームで焦りまくり、周りの人に聞きまくったことがありました。日本社会は他国にはありえないほど、すばらしく秩序だっています。

バラカン　ミーティングしても決定に時間がかかる。だから効率が悪い。一方で、一直線なのでいい商品ができる。連帯責任の持つ両面性なわけですね。

2 みんなと一緒が大切

†今でもみんなと同じが好きな国民

塚谷 日本人の国民性を表す海外のジョークに、こんなものがあります。

客船がまさに沈没しようとするとき、救命ボートが足りないので、女性や子供を優先に乗せて助けるために、誰かが犠牲的精神で海に飛び込まなければならない、そこで世界各国の国民性に合わせてどういう言い回しで説得するのかという話です。

アメリカ人には「飛び込めば英雄になれる」と言うと率先して海に飛びこむ。ドイツ人には「法律に従ってください」。イギリス人に対しては「紳士とはこういう時に海にとびこむのです」。イタリア人には「すごい美人が先に飛び込みましたよ」。そして日本人に対しては「みなさん、飛び込んでますよ」と言う。バラカンさんはご存じですよね。

バラカン 各国の国民性を端的に表している有名なジョークですね。

塚谷 戦後、日本の経済が回復して高度成長期を迎えた頃、海外旅行に出かける日本人を見て、外国人が感じた日本人観は、団体で行動し、決まったように髪を七三に分け、黒縁メガネをかけ、カメラを首からぶら下げているというものだった。みんながするようにするのが日本人なのだというわけです。現代の日本人旅行者はみなカラフルでカメラも持ってませんしバラバラなイメージになったので、ヨーロッパでバカにされないようになりました。ぼくはホッとしています。

でも現在でも日本人は変わっていないところもあります。たとえば、大学新卒の就職活動では、みんな同じ時期に、紺のスーツを着て会社訪問をしています。

バラカン　たしかに、就活の季節になると、学生はみな同じスーツ姿で会社訪問をしてますね。ヨーロッパでは一斉に就活に動くことはないので、とても違和感がある。

塚谷　日本人がこうした団体行動をとるようになったのは、今に始まったことではありません。もともと日本には、団体で行動する社会ができあがっていた。かつて集団で活動していた名残りが戦中戦後を経て、そして現在の教育にも反映されて、連綿と続いています。そして「みんなと同じが安心な日本人」をつくりだしている。

バラカン　なぜこんなことが行われているんだろう？

塚谷　いったい何がまれに見る強固な集団主義の形をつくるもとになったのかというと、やはり農業のあり方にあるんです。日本の稲作組織は命令系統が縦軸で、上から下に一方向に流れるようになっています。

また話が重複しますが、特に灌漑、新田開発には資金だけでなく多大な集団の労働力が不可欠でした。指示する指導部、お上のもと、労働力を集中しなければならなかったんです。

バラカンさんならイギリスと日本の違いをご存じだと思いますが、ヨーロッパでは、集団ではなくて個人で農作物を栽培しています。日本ほど地形が急峻ではないので川の水があふれることはめったにないし、農地を組織的に守る必要性がありません。しかも、夏場の雨量が多く、毎年安定しているため、特にヨーロッパ中部は灌漑施設すらありません。それと、ヨーロッパは日本より土壌の条件がいいですしね。雨が降って肥沃な土が流されることが極めて少ないため、堆積土壌で農作物を育てることができます。

それに、夏は暑いといっても、暑すぎるのは植物にとっては良い環境とは言えません。気温が二五度を超えてくると、ほとんどの植物は成長できなくなります、暑すぎると光合成成長ができなくなり、植物も痩せ細っていく。

†北欧は単なる寒冷地ではなく豊かな土地だった

バラカン それじゃ、温暖化は地球環境だけでなく、樹木にとっても好ましくないわけですね。

塚谷　良くないですね。北欧に住んでビックリしたことがあります。住む前は、寒いからさぞかし植物には厳しい環境なんだろうと想像していましたが、実際は逆でした。北の植物たちにとっては天国でした。冬場は寒く、植物の害虫が越冬できないので害虫が少ないんですよ。そして夏場は温度が二五度程度で暑くなく、最適温度帯の時期に最も日照時間が長い。白夜ではないんですが、デンマークあたりで朝四時から、夜の一〇時頃まで太陽の日がサンサンと差しているので一気に成長します。松類の成長が、まるで日本の竹みたいに、早くぐんぐん一気に伸びていきます。

それを実際に目の当たりにして、本当に驚きました、伐採しても、植林さえしていれば北欧の森林資源が枯渇することがなく、無尽蔵に豊富な理由がわかりました。寒い北ヨーロッパ、カナダでも、すごい勢いで松が成長するんです。

林業だけでなく、基本的に農作物も適地適作で欧米、アフリカ、そしてアジアでも、ブドウに適した地方ではブドウを、イモに適したところはイモを、酪農なら牧草を育てています。

それに対して日本では、驚くほど何が何でも稲作です。川から水路をつくり、新田開発に数年を費やすくらいですから、稲作に適するように農地に手を加え、地形的条件が悪くても、稲作に適合させるように努力し続けます。こうして、稲作を中心に、集団で行動する「ムラ社会」ができあがっていったのです。

日本のムラ社会では、集団でものごとが決められていきます。農家は集合型で独自の耕作は認められないし、家が隣接しているのでほかの村人の動きや状態が把握しやすくなっていきます。村は運命共同体で、隣の人との距離が近いので、誰が何をやっているのかはみんなが知っています。和を乱すことは許されません。和を乱すことは稲作の出来、不出来にかかわります。場合によってはコメの収穫が少なくなって、飯が食えなくなることもあるなど、生命の危機に結びつきます。

しかし、村人にとっては楽なことがあることもたしかです。お上がすべてを決定するので、それに従って、決められた労働をこなし、そしてその集団の中にいればずっと飯が食えるのです。ですからある意味、個人がリスクを取って生き抜くわけではないので、その集団内に甘えが発生しやすい構造でもあります。

一方で弊害が生じることも事実です。正しいこと、正義といったものが通らないことがあるからです。たとえば、さっき話したウィキリークスのアサンジのようなことが起こり得るかというと、その可能性は低いと言えるでしょう。なぜなら、日本の社会ではずっと出る杭は打たれてきたし、それが正しい、正しくないはさておき、所属組織に不利益なことをしたらつまはじきになり、飯が食えなくなってしまうからです。

欧米社会ではスノーデンやアサンジに対して、「あんたは正しい、正義だ」と言って本気で援助したり、助けるサポーターが大勢出てきます。それが欧米社会の良い部分で、命を張った正義は賞賛されて当たり前だということです。それにより欧米にはダイナミックな社会変革を可能とする原動力があるのです。残念ですが日本には、そんな勇気も正義もないんです。

日本の稲作は、数千年前に日本人の定住とともに普及したと言われています。その出発点から今日まで、ずっと「まわりの目を気にしながら、みんながするように」してきたので、あえて危険を冒さないことが保身につながることを体で覚えているのだと思います。お上に対して余計なことを言わない、しないことによって飯が食べてこられて生きてこられたのです。

†共通認識がないと「言わなくてはわからない」

バラカン　ぼくのいちばん身近な日本人は女房ですが、たまに彼女がむっとすることがあります。「どうしたの?」と聞くと「言わなくたってわかるでしょ」と返ってくるんです。

しかし、わからないからぼくも困ってしまうんです。彼女にしてみればぼくが鈍感に思うでしょうけど、言わなくてもわかるという概念は、ぼくには基本的にないんです。

塚谷　それはバラカンさんが個人主義のイギリス出身だからだと思います。はっきりものを言って、自分を表現するのが当たり前のイギリスと、自分を表現しなくて良い日本の違いですよ。

プライベートで「言わなくてもわかるでしょ」と言われたとき、ぼくにはまったく心当たりがありませんでした。言わなくてもわかることはあるはずですが、恋愛感情や家族であることとの安心感がからんでくると、定義が難しくなってくるような気がしますね。感情が関係してくると、期待や押し付けがからんでくるからでしょうね。

夫婦生活が長いと、夫が「あれ」というと、奥さんはコーヒーを差し出すという日本のドラマのワンシーンに出てくるようなことがありますね。日常生活の行動に関わるこうしたことは外国人でもあるんじゃないですか。

バラカン　ぼくは日本人と結婚したので、よくわからないけど、あるかもしれない。

塚谷　おそらく、夫婦の心の機微につながることについては、「言わなくてはわからない」となるのだと思います。

日本人が社会的なつながりで使う「言わなくてもわかる」コミュニケーションというのは、経験や体験に基づく共通認識からきています。「いったん経験したことなんだから、言わなくても理解できるよね」という暗黙の了解です。

海外で仕事をしていると、現地の従業員との共通の経験がないので、共通認識の共有がまったくできないのです。デンマークとオランダで約三〇年近くヨーロッパで暮らしても、言わないとまったく理解してもらえない、言わずに理解させるなんてありえません。オランダでは、日本食レストラン・チェーンを事業展開していたのですが、社員のために良かれと思って、説明せずにやった施策がことごとく思ったような効果が出なくて失敗に終わったため、それを実感しました。

社会保障のしっかりしているオランダでは、日本のアルバイトという雇用形態はなくて、週一日の勤務でも正社員です。週一日勤務でも年金も健康保険も支払い義務があり、会社側と、その社員が折半で年金、健康保険の費用を負担します。結果的に会社側負担の総時給は、だいたい日本の倍ぐらいの時給三〇〇〇円前後ですね。でも従業員の実際の手取りの金額は半分程度となり一〇〇〇円〜一五〇〇円です。時給は本人の経験、技量によって決められ、能力や労働期間によってある程度の幅があるのは、日本と一緒です。

それとは別に、日本的かもしれませんが、一緒に働く者同士、公平にというスタンスは必要だと考えて、能力別にしないで平等のほうがいいと考えていました。

ところがある日、一人の従業員が同僚を名指しして「アイツより仕事をしているオレが、どうしてアイツの時給と同じなんだ」とくってかかってきたのです。たしかに、その従業員は仕事ができました。しかし、勤めている期間が違っていて、比べられた同僚は長く勤めています。それを勘案して時給を決めたので、そんなこと言わなくたってわかるだろうと、内心思っていましたが、従業員の態度からは簡単に引き下がってくれそうもないことがわかります。

そこで「わかった、じゃあ、君の時給を上げよう」なんてことを口にしようものなら、「俺の時給はあいつより高いぜ」ってみんなに言いふらすに決まっています。そうなると、ほかのスタッフから時給アップ交渉の嵐が襲ってくることは目に見えていました。

†言わなくてもわかるは集団主義の特徴

バラカン　個人主義の欧米人にとっては、自己主張するのが当たり前ですからね。

塚谷　その通りでしたね。「言わなくてもわかるだろう」という感覚を持った自分には、個人の評価と給料交渉は辛い仕事で、慣れることはありませんでした。

日本流の経験がないオランダ人のスタッフに、「言わなくてもわかるだろう」が通じないのは当然です。日本人にとっては「言わなくてもわかる」が良いことなのですが、欧米では「なんで言わないいんだ」となって、「言わないでわかる」ことは良いことではないのです。お互いに話し合ってわかることが良いことなのですね。

「言わなくてもわかる文化」の思想は日本の稲作集団農法から来ていて、それこそが日本人の国民性をつくったのです。

バラカン 先ほど聞きましたが、日本は気候や土などから、本来は稲作に適しているとは言いにくいってことでしたね。

塚谷 そうです。繰り返しになりますが、もともと稲は熱帯・亜熱帯植物で、稲作は中国南部で発達した農作物です。大地が肥沃で地形的にも有利な中国では、日本ほど稲作に神経をとがらせる必要はありませんでした。ところが、日本に伝わってきてから、手のかかる農作物になったんです。

アジアの、たとえばタイと比べると、日本には冬があり気候的に不利で、年に二回も、三回もコメを収穫する(二期作、三期作)ことができません。一年に一度の収穫です。ですから失敗は許されないという宿命を背負っています。

日本には火山が多いので、大陸と違って日本の土地は火山灰土で痩せています。しかも酸性土壌で、養分が少ないうえに水田では水の確保も必要です。火山灰土は、いわば軽石のようなものですから、水を溜めておきにくい。そこに田んぼをつくり、水を引き込んで維持し続けなければならないんです。

繰り返しになりますが、水を溜めにくい土は、表土を突き固めて水が抜けにくくする必要がありました。トラクターのない時代は、集団でそれこそ数年がかりで新田開発をしていたのです。せっかく新田ができても、嵐がやってきて田んぼの土が流されたら、またゼロからやり直しです。

田んぼをつくるだけでも多大な時間と集団の労力が必要でした。さらに、水を確保するためには灌漑、治水をするわけですが、これまた集団の力が必要です、個人の力では手に負えません。日本の米作りは集団の力、上部集団組織、そして下部集団が大前提なのです。要するに、我々はつい最近まで、生きるためには集団に属して、飯を食うためにその集団の中で右ならえする以外に生きることができなかったのです。

バラカン　土地さえあればなんとかなる。ヨーロッパなどの畑作とは違うってことですね。

塚谷　ほかにもあります。田んぼとか水とか稲作の準備が整ったら、今度は田植えです。日本では稲はある時期に田植えをしないと、日光の吸収、雑草の駆除効率などで収量に影響します。集中的に田植えをするので、集落総出で、今日は塚谷家の田んぼ、翌日はバラカン家の田んぼというように、田植えをします。これを「結い」と言っていました。つまり、日本の稲作は集団で動き、お互いを監視する仕組みになっているのです。

それは、地形、土壌や気候に恵まれていない日本の農業は、個人で稲作ができないほど労力が必要なのです。要するに集団で動くことが大前提で、その集団がなければ個人では飯が食えなくなり、みんなが生きていけなかった。
　毎年の梅雨の具合とか夏場の気温、度重なる台風の到来、収穫シーズンでコメがとれるかどうかで、命が脅かされる危険をはらんでいたのが日本の米づくりです。集団で取り組み、失敗しないようにお互いを監視しながら、リスクを最小限にとどめるための仕組みが常に必要とされたのです。

バラカン　日本の稲作は集団に頼るしかなかった。

塚谷　日本の農業は日本独自に形成されたものであり、世界でも類を見ないものです。そしてこの特殊な農法で組織化されていった日本独自の稲作集団農法が長い時間をかけ、日本人の国民性をつくり上げていくことになったのです。文化人類学で言う狩猟、農耕、放牧の中に日本型稲作を入れても良いのではと思うぐらい特殊だと思うんです。

†村は造幣局、お金生産組織

バラカン　これまで村八分など、集団から外される怖さはわかりましたが、それにしても、日本人は右ならえするのが好きですね。日本人は集団から自分の意思で外れることも怖いんですかね。

塚谷　日本人がみんなと同じように行動するのは、枠から外れないためですよ。長年培われてきた稲作組織の中に身を置いておいたほうが楽に暮らせるし、苦労もありませんからね。単に安定した職場に就職することで安心したいという、漠然とした意識があるだけです。

農民はこれまで、お上、権力者の庇護のもと、自分に割り振られた役割をまっとうすればよかった。そうすれば見返りとしての飯が食える、という単純な構造でした。先ほどの江戸時代の専門家によると、江戸初期の農民の走り書きが発見されてそれに、「これからは御上の言うことを聞いていれば米が食えるいい時代になった」、これは御上のおかげで灌漑が進んで、御上の言うことを守っていれば水の心配がなくなって安心して生きていけるということだそうです。

みながしているのと同じようにしたいというのは、自らが導き出した答えではありません。みんなと同じことをしていれば生きていけたという事実です。

バラカン　日本に長く住んでいると、それはよくわかります。

塚谷　日本的稲作組織の中では、原理原則がつくられなくてもよかったのです。ムラという小さな社会で干渉し合ったり、つまはじきを恐れたりしながら、みんなといることでコメが食べられて、安心することができたからです。結果、個人の概念が希薄になり、それは共同で稲作する村が生活、生命の基点だったからで、個人の幸せとか個人の利益というより、その食料・お金生産組織である村の利益、その集団の利益が優先されたからだと思います。ムラの上部組織と下部組織が暗黙の社会ルールを用意し、人々はその中におとなしく収まっていればよかったのです。欧米のように、議論とかで個人で考える訓練をしてこなかったのではなく、必要なかったからなんです。

バラカン　それも日本の稲作組織の影響があるんですね。

塚谷　コメがお金の役割をしていたことはお話ししましたが、日本の特殊な稲作集団である村は、日本だけに存在する特殊な食料・お金の生産組織です。お金であり、命の糧でもあるコメの生産のために、日本人が村で全生命をかけて現代まで命をつないできたんです。ある意味、個人個人の問題ではなく、村単位の問題でもありません。その地域、また昔の国、藩の単位だけでもなく、コメづくりは日本国全体の大問題です。最小単位の稲作組織の個人なんてどうでもいい。さらに村もどうでもいい。米の安定生産・増産をして国民を飢えさせないことは、ごく最近のコメのつくりすぎ、コメあまりまで、どの時代でも日本の最大の問題だったんです。

しかも明治以前はコメはお金の役割もあったわけで、村は国家の中枢の造幣局の役割も担っていた。ですから国家財政を良くするべく、寒い東北でも山岳地帯ですら、貨幣であるコメの増産に向けて無理に無理を重ねていたのです。一時的に増産しすぎてコメ相場の乱高下はありましたが、お上のいうことをよく聞く、村、藩、地方政府をつくり出し、そして強固な中央集権国家を作る必要があったと思います。

欧米の政府と地方政府の関係と、日本の政府と地方政府（自治体）の関係を比べると、日本の地方政府の自治権のなさが際立ってるのは無理なコメづくりが影響して原理原則がないままやってきたためです。コメ、稲作のことはもう忘れて、欧米のように、一刻も早く日本も道州制を作って地方自治権を持つようにしたほうが、地域の発展につながって地域特性が出るし、スピード、柔軟性が出てきて良いと思います。そうなると、右ならえもなくなり、もっと個人の幸福を主張できる、することが当たり前の社会になるように思いますね。

†今の雇用形態は日本人に合っていない

バラカン　そうなると日本が欧米の個人主義に近づくでしょうね。

塚谷　でも、それが今の日本人にとっていいことかどうかは疑問ですね。日本が国際化社会に舵をきってから、組織よりお金を優先させるような風潮も出てきました。しかし、これは日本人にはなかなかなじまないところがあります。

日本人は安泰が約束された見返りに稲作するはずだったから、ただお金の多寡だけで雇い主を変えてしまうようなあり方になじめないところがあります。

昨今の新卒組は、粛々と生きていけるだけの収入があればそれでいい、と潔く割り切った考え方が主流だそうです。実は昔も今もそう変わらないのです。企業側も多くの企業には昔ながらのやり方が連綿と残っていて、日本の大きな組織は相変わらず以前と同じようなやり方で機能し続けています。

上司は部下の世話役となり、形式的には役員が取り仕切る。意識の共有は必須で、上司であっても勝手な行動、独断は許されません。しかも決定はトップダウンのようで、またボトムアップのようでもあり、両方が混在した集団で上下を重んじた意思疎通体系こそが日本企業の特徴です。

バラカン　ぼくも日本に来たときは、短い間でしたが会社に勤めていたし、その後、会社の経営に少しかかわることがあったので、それはわかります。

塚谷　この日本流のやり方は、稲作が日本に定着してから数千年、急には変えることは不可能です。こうして日本人は、今でも「みんなと同じに」行動するのです。

ですから、正規社員と非正規社員との区別をする今の雇用形態は、もともとの日本人の考え方に合っていないと思います。不安定な雇用は日本人の心には残酷で過酷な制度になっている。これによって、精神的に不安定になり精神疾患が増えて医療費が上がり、生活保護費が増加して、犯罪が増えてそれに対する社会的費用が激増すると思います。

アジアの勃興によって、低賃金、低コストのアジア諸国との競争に巻き込まれ、日本も低賃金にしていかないと経済競争に勝てない、日本全体が衰退するんじゃないかという危機感から雇用環境、雇用法制度を企業有利に変更してきています。でもこれが、現在の経済が低迷してる原因でしょうね。この残酷な雇用形態が日本人を暗くして、日本人の活力を奪ってそれが経済活動にも影響していると思うのです。

この正規、非正規という雇用形態は日本人の心にまったくなじまない仕組みです。日本人は本来、組織、仲間の中にいたいのです、その中でまじめに仕事がしたいのです、元来お金のためだけに不安定な環境で働くのは苦手なのです。

オランダの、週一日出勤でも正社員とするほうが、会社側のコストは増加しますが、社会コストは抑えられ、結果として雇う側も、雇われる側も得になるんじゃないでしょうか。実際、それでヨーロッパ経済は、ちゃんと今も毎年成長を続けていて、高賃金、安定雇用で社会が成り立っています。

3 なぜ自己主張をしないのか

†「つまらないものですが」は謙虚である証

バラカン　日本に来て間もない頃、ぼくを悩ませた疑問の一つに、「つまらないものですが」と言われてモノを渡されることがありました。「これ、とってもいいよ。だから君に買ってきた」と言われたらわかりやすいですが、「つまらないものですが」と言われると、何を言いたいのかさっぱりわかりませんでした。

今でこそ、その意図が理解できるし、当時もなんとなく感じるものはありましたけど、「えっ、つまらないものをくれるのですか?」と、意地悪な質問をしそうになります。

塚谷　「つまらないもの」という言い方は、謙虚である証だと日本人は思っているのかもしれません。いい結果が出せたとき、手柄を自分のものにしないでみんなで分かち合うという行為は、日本ではずっと美徳とされてきました。謙虚であること、謙遜することもそうです。良いものを良いと主張しないのは、それが良くないものだからではありません。謙虚な気持ちがないと、人と人との距離が近い日本人組織はぎくしゃくしてしまいます。潤滑油としての役割を果たしているのです。

もし、日本が欧米並みに自己主張する国民だったら、今の日本はどうなっていたと思いますか。欧米並みの交渉力に富んだ国として、今とは違った文化を築いていたと思いますか。

バラカン　難しい質問ですね。強く自己主張する日本は、文化面を考えると、今とはまったく違った顔を見せていたでしょうね。

塚谷　日本独自の気候と地形の中で、農作物を個人がそれぞれ自由気ままに作ると、水路、水管理の面では水田は個人が管理できる範囲を超えています。結果、最高に条件が合った土地があったとしても、小規模になっていたでしょうね。畑でもたいした収量はとれなくて、人が生きていくための十分なエネルギーが採れないので、もっと人口が少なくて、国力もなく、日本として独立国家になっていなかったこともあり得ますね。

余計なことをすれば弾かれてしまうムラ社会の中で、自己主張は生命を脅かすものでした。だから敢えて自分の立ち位置を低く演じ、相手の機嫌を損ねない方法論を固めていったのです。

いいものをいいと言わないのは、よくないものだからではないことは、日本人なら当たり前のように知っています。ただ、謙虚な気持ちは、一歩身を引く姿勢や文化を理解している日本人にしか効果がないことも事実です。この話を欧米人、中国人と話したことがありますが、彼らの思考では常識外のことでした。「なぜ自分を低くする必要があるのか、まったく理解できない」となり、「日本人はどうかしている」と、笑い話の種にされました。

バラカン　なるほど。「つまらないものですが」と言って渡す背景には、そういうことがあるんですね。

†言い訳を許さないのが稲作組織

塚谷　もう一つ。とても日本人的な考え方ですが、ものごとにはストレートに言わないで、オブラートに包んだ言い方のほうがいい場合もあります。低い立場から切り出すことで相手を立てながら話します。これは日本の稲作組織で上手に立ち回るための処世術です。

そして、言わないほうがいいとされているのは言い訳です。電車が遅れたので遅刻しましたと言っても、遅刻は遅刻です。誰もが納得できる理由でない限り、日本社会で許されることはめったにありません。結局は、早い電車に乗れと言われて話は終わりです。それ以上の言い訳もさせません。言い訳は格好悪い行為ですから、失敗したときには、ただただ反省しているふりを貫き通す、というのがいちばんの対策です。

なぜ言い訳がいけないのかと言うと、言い訳を聞いて、それを許すことがいけないのです。許すと同じ間違いをする。許すことが重大事故につながるという思考経路になっているからです。稲作ではミスが一回でも起こると、一期作ですから、その年の収穫に大きな影響が出ます。小さな遅刻も、手抜かりも、その集団の生き死に関わることなのです。どのような理由があっても許さないのは、命に関わるから仕方がないのです。稲作組織は、命令の下で統一行動で戦闘する軍隊と似ています。稲作組織の言い訳を許さないのは、武家社会の言い訳を許さない、死と直結するハラキリ、切腹も同じ考えかもしれません。

ヨーロッパでは、ミスをしたらこれでもかというくらいに言い訳をします。それが常識だからです。

ぼくがまだ独立する前にデンマークで勤務していた頃のことです。部下が遅刻したりミスをしたりすると、あまりにも言い訳が多いので、一切言い訳を聞かずに過ごしていたら、「ミスター・ツカタニは機械のように冷たい人間で、会社のことにしか関心がない、人の心を持ってないロボットみたいな奴だ」と思われていたんです。ぼくはただ、言い訳に煩わされずに静かに仕事をしたかっただけなのに。彼らはコミュニケーションを拒絶されたように感じたのですね。その陰口を聞いてから無理をしてなるべく言い訳を聞いて、何かしらの返事を返すようにしました。言い訳をすること、聞くことは「私は貴方を無視してないよ」という意思表示なんですね。

バラカン　そうすることが必要でしょうね。

塚谷　欧米で仕事をするようになって間もない日本人は、海外でも言い訳をしないし、言い訳を聞くこともあまりしません。そうすることが日本人の美徳だと思い込んでいるからなんですね。たしかに日本にいれば長所になりますが、ヨーロッパでは逆効果で、誤解を生んでしまいます。

言い訳をしないが当たり前の日本人の特性は、いいものをいいと言わない日本人と根っこは同じです。どちらも、相手からその身を一段低く置いて出しゃばらないんです。

言い訳をすると、リスクが生まれることを日本人なら知っています。たとえば仕事でミスして言い訳をしたら、それを認めない傲慢な人間という烙印を押されかねません。企業という組織体からつまはじきにされないための護身術もまた、日本独自の組織からくる特性です。だからだと思うのですが、遅刻した人間をとことん問い詰めるようなこともしません。手抜かりの結果、度が過ぎる場合の究極が村八分です。その組織から排除するように向かっていきます。

かつて私は、言い訳における考え方の違いは宗教観にあると誤解していました。キリスト教国ではイエスの子供である人間は悪いことはしないし、できない。だから、必死に言い訳をするのかな、と考えていたんです。しかし、キリスト教への敬虔度というか体への浸透度みたいなものがわかってくると、宗教観はまったく関係ないことがわかった。むしろ会話のあり方の違いだけだったのだなと。

バラカン　日本人は言い訳をする代わりにすいませんと「ぺこり」と頭を下げます。それだけの違いだと思う。

†会議の多さは共同意識の植え付け

バラカン　日本人はなぜこれだけ会議を多く持つんでしょう。しかも、会議が多い割に、何も決まりません。意見も言わないしね。ヨーロッパなら、「じゃあ、決められる立場の人間を出してくれ」となるでしょう。

塚谷　激論が交わされることのない会議には、日本の稲作組織体質が関係しています。なぜなら、激論自体が和を乱す危険行為だからです。絶対的決定権が誰にあるのか、内部の人なら誰でも知っています。だから事前の根回しがすべてです。その事前の根回し、会議でなく個別の事前交渉にかかっています。議題に挙げて激論を交わしても無駄、しかも激論は日本では、その組織内の人間関係を壊す危険があります。

バラカン　それにしては会議の数が多くないですか。ムダな会議を何回も何時間もやるんですか？

塚谷　はっきり言って、日本の会議は、ヨーロッパで言う会議ではありませんね。ムラ全員の意思統一を図る儀式みたいなもので、関係部署全員の意思の共有が目的です。ですから、「俺は意思決定には関係ないから出なくてもいいかな」と思われる会議も少なくないので、無駄な会議が多いように感じるのかもしれません。出席者の発言の内容が重要なのではなく、会議に「出席した」「出席してない」が重要なのです。

欧米の会議は、責任者が会議の場で方向性とその結論を決めるので、必ずしも論戦をする場でもありませんが、時には論戦になり徐々に結論に向かうこともあります。あと、質疑応答みたいな感じでサクサク終わる会議も多いですね。

日本の会議は、組織としては和を重んじるのが重要なので、すでに方向が決まっているセレモニーのような会議が多いですね。欧米では議論を戦わせることは子供のときから日常的に訓練されていますから、喧嘩になるとか、根に持つとか、いじめに発展するとかはありません。まして、個人攻撃とは無縁です。訓練されてない日本人だと論戦になったとたん個人攻撃、いじめにも発展しかねない。日本の報告会的な会議にも、ヨーロッパ型激論会議にもどちらも良いところ、悪いところがあると思います。

バラカン　たしかに、日本の会議では、不穏な空気が流れることがありますね。

塚谷　欧米での会議では、出しゃばっていないと良くも悪くも評価の対象になりませんよね、自分でも疲れ切るぐらい前面に出て、自分の意見、考えを表明し続ける。出しゃばらないと最低、最悪の評価しか出ません。その結果、黙っていると「あなたはいないのと同じ、あなたはいないほうが良い」となります。これが欧米ビジネス社会の現実です。

ですから静かにしてればそれで済んでしまう日本の会議は、インターナショナルスタンダードからは大きく外れています。ではどうすれば良いのかと言うと、会議では、嫌でも無理に無理を重ねて意見をしゃべりまくるしかないのです。そしてしゃべるときは相手の目を見つめることが重要です。日本では視線を合わせることがよしとされない場合がありますが、欧米は逆に視線をずらすといけないのです。それは自信がない、あるいは嘘を言ってると思われるからです。

†海外の競争相手には日本のスピード感も、常識も一切通用しない

バラカン 日本でいう会議と、ヨーロッパでいう会議とは、そもそも何か違いますよね。

塚谷 欧米では会議で結論を出します。当然、そのミーティングで結論を出せる責任者が来ていますし、すぐに結論、結果を求めようとします。そのために会議をするのですから、当然のことですよね。

ところが、日本企業同士での会議となると、ヨーロッパ型の会議に慣れていないので、打ち合わせは、関係者一同がとりあえず出て来る。そしてその場で意見をまとめられなくて、結果として後で再度検討することになり、さらに打ち合わせになるのが普通です。そ

れぞれの部署の全員のコンセンサスが、時間より重要なんですね。

同じ常識の範囲の国内企業同士で取引している時代なら、これでもやっていけますが、今はそんな時代ではありません。海外の競争相手には日本のスピード感も常識も一切通用しません。

バラカン　そんなのんびりとしていたら、競争にならないんじゃないの。

塚谷　その通りですね。品質が良くて、安いものをつくれるのは日本だけという時代ではありません、ヨーロッパにもアメリカ、アジアにも競争相手はたくさんいます。ヨーロッパの経営者は、「タイム・イズ・マネー（時間はお金）」との思いが強いので、日本企業がこの手の対応をすると、売る気がないか、品質に自信がない商品なのではないかと思ってしまいます。ですから全員のコンセンサスよりも、誰かが先頭に立って決定し、スピーディーに結論を出すことが求められるのです。

とても残念なことですが、海外と渡り合うグローバルな時代には、日本人には厳しいのですが誰かが、早く結論を出す、即決の仕組みを考え出す必要があるでしょうね。

日本では、技術的な判断であっても、その場で判断することはありません。あるのは、上司に対する「アドバイス」です。やはりデンマーク時代のことですが、デンマーク国営企業と日本大手企業との会議で通訳をやっていたときです。会議中、五人もいる日本サイドは誰も発言しません、技術の話のときに技術の人がちょっと発言する程度です。

バラカン　でも、このような会議だと、そのデンマークの会社はどう思ったのでしょうかね。

塚谷　相手のデンマーク人は日本人のこの対応に「何なんだコイツらは」と唖然、呆然としていました。これはまずいなと思い、会議の後で、簡単に説明しました、「ご安心ください。日本人は、上司の決定に従うことが多いんです。それと日本人はときとして利益より人間関係を重んじるので、今回初めての会議は日本人には、顔見世の紹介セレモニーなので、次回までには貴社提案はちゃんと検討し終わっていますから」と。

これは日本の集団農村内部の出来事そのものですよね。みんなの考えをなんとなく集約して、だれか一人が発言する。そして仕事となると、人間関係、信頼関係を重要視する。内部では結束を重視し、よそ者（部外者）を仲間にして危険はないかと、まずは信頼関係を重視する。

このときの日本企業の考え方は、結果的に正解でしたね。欧米でのビジネスでも信頼関係をまず築ける相手かどうかは成功のカギになります。欧米人でも利益に目がくらんで時間をかけずに変な相手と組んで、失敗しているのをよく見かけますから。

その後、時間はかかりましたがいろいろと両者の業務提携へと話が進んでいきました。

†交渉ごとでは「ノー」で引き下がらない

バラカン　塚谷さんは三〇年近くヨーロッパで仕事をしてきたわけですが、自分が日本人だと強く意識したのはどういうときでしたか。

塚谷　最初面食らったのは、前にも触れてますが、やっぱり商談で「ノー」と言われたときの衝撃ですね。日本人を表す言葉に「ノーと言えない日本人」があります。これは外から見たもので、実際には「ノーと言われることに弱い日本人」というのが一番近いと思います。

日本製品を仕入れてもらう大型プロジェクトの最終段階で、仕事の提案に「ノー」と言われたことがありました。こちらとしてはほぼ商談が成立したと、ほっと胸をなで下ろしていたときのことです。

そのとき、この商談は流れたと私は思っていたのですが、しばらくして先方から連絡があって、商談はまだつながっているとわかり、ほっとすると同時に、日本の「ノー」とは意味合いが違うんだなと、初めて知りました。

バラカン　イギリスでは、何かをやるなと言われても、それに従う人はあまりいないと思いますよ。

塚谷　たいていの場合、日本人は外国人に「ノー」と言われると、すぐに引き下がってしまいます。それは「お断り」と受け取るからです。たとえ強い調子でノーと言われても、話し合いがその一言で終わるわけではなく、ネゴシエーションの方便です。でも日本人であるぼくにはノーは衝撃の一言です、交渉決裂、契約の終わりを意味するのかと思ってプレッシャーがかかります。日本人の感覚ではノーはお断り、要らないよ、ですからね。

バラカン　日本だと、「ノー」は話がゼロになってしまうんですか。

塚谷　いや、日本人は「ノー」と言われるとゼロどころかマイナスですよ。だから日本人にとっての「ノー」は重たいんですよ。

バラカン　そんなに重たいこととは知らなかったなあ。

塚谷　欧米ではいかにノーが連発されても、相手は交渉をしようと、メール、電話でコンタクトしてきます。欧米では、相手に変に気を使って買う気もないのにメール、電話でいちいちコンタクトすることはありません。

日本で「ノー」というのは、とても強い否定の言葉なので、好んで使われることはありません。だから私は、その契約は「ノー」と言われた時点で終わったと考えました。「ノー」は終わりを意味すると、脳に無意識に刻み込まれてきたからです。

ですから外国で触れる「ノー」という表現はコミュニケーション上、日本人にはとらえにくいものの一つで、日本人と欧米人との間にある理解の溝を深めてしまう可能性もあります。

どうしても「ノー」を伝えなければならないときにははっきりとは言わずに、結果的に「ノー」という手法を使ったりします。日本における稲作組織が和を乱すことなく、万事丸く収めながら運営するために育んできた、日本だけの組織運営の共通認識です。これが、日本人の考え方です。

バラカン　「難しい」とか「前向きに」と言って、実質的にお断り（ノー）するという言い方ですね。

塚谷　日本人は「イエス」を口にしながら、波風たてずに終わらせようとし、欧米人は「ノー」といいながらも、日本人の考える拒否の意味でなく、「ウソー！」程度でそれを口にしながらコミュニケーションを重ねて理解を深めていこうとします。「ゲームオーバー（終了）」としないで、そこから始める、というサインでもあるのです。

第六章

グローバル化の中で日本人はどこへ行くのか

1　窮屈な日本社会

†日本には社会的な重しがあった

バラカン　日本のことをよく知っているつもりでも、どうしてこうなるんだろうと何となく思うことがあります。稲作の空気が都会に残っているというのはわかっていても、なぜそうなのかということが見えていませんでした。でも塚谷さんから、地理的なことや気候などの説明を具体的に聞くと「なるほど、こうなるわけね」と見えてきたことがあります。

塚谷　日本は気候がよくて雨はたくさん降るし、農業の上で恵まれていると思っていました。だけどヨーロッパに行ってみたら、農業の生産性も日本よりも高いし、こっちのほうが農業に関してははるかにいいなと思いました。

それまではヨーロッパなんて寒いし、ろくでもないところだなと思っていたので、それはすごくショックでしたね。それでいろいろと考え始めたんですね。

日本には独特の空気や世間といわれるものがあることを、ぼくも何となく感じてはいましたけど、それは具体的にどのようなものでどうやってできて、なぜ必要なのかということとが全然わからなかった。何となく重しが乗っかってるみたいな感じで。たとえば、車通りがなくても、信号が青にならなきゃ横断歩道を渡っちゃいけないというのもまさに重しですよね。あと、独身だと肩身が狭いとか。

ぼくの母は生きていたとき、八〇歳ぐらいまではオランダに遊びに来てたんですよ。ぼくはずっと一人でいたんですけど、あるとき「やすお！　あんたまさかホモじゃないでしょうね」って言われて（笑）。母親に疑われたら終わりだなと思って、それで観念して結婚しました（笑）。

日本にいたときは、その重しが何なのかわからなかった。結婚しろと言うのもそうだし。ぼくは別に一人でもいいかなと思っていたんだけど、母はそう考えている。日本人はもう少し、そういう社会的な重しについて認識したほうがいいんじゃないかと思いますね。

これは将来的な話になりますけど、日本は今後どういう方向を志向するのか。ジャパン・アズ・ナンバーワンみたいになりたいと思っているのか、あるいはそうではないのか。若い人たちは海外に行かなくなっていると言うし、音楽もそうだと思うんですけど。全体的に内向きになっていて、日本国内で終わらせようとしている。だけど日本は鎖国しているわけじゃなくて、世界の一員じゃないですか。だからある程度、外を見なきゃいけないと思ってるんですよ。

その場合、前に言ったunclearな状態だと日本人は外の世界とうまくやっていけないし、ヨーロッパ社会にうまく入り込めない。中国人や韓国人のほうがよっぽどうまく入り込んでいる。

うちの会社にも中国系オランダ人がいて、彼は上海出身でものすごく喋るんですよ。オランダ人ともオランダ語で喋っていて、その話し方を聞いていると、喧嘩にしか聞こえない。でも次の瞬間はハグしていたりして、仲よくやっているのです。

日本人は本当のことを言わないし、はっきり物事を言わないから仲よくなれないんですけど、中国人とオランダ人はすごく仲がいい。どちらも賑やかで、性格が似てるんですよね。中国人の女性ものすごい勢いで話すので、喧嘩しているようにしか見えないんですけど、それでもいつの間にか仲よくなっている。韓国人もけっこう自己主張が強いから、すぐに仲よくなるんですよ。

自己主張が強いヨーロッパ人と中国人、韓国人はたぶんある程度、会話における暗黙のルールを共有している。つまり「ここまではやっちゃいけない」という空気みたいなものを持っているから、ある程度までいくと本当に仲よくなれる。でも日本人はunclearな状態のままになっているから、いつまで経っても中に入れなくて、日本人だけ蚊帳の外になっている。第三者的に見て、これはまずいなと思うことが多いですね。

†モチベーションがあれば人は変われる

バラカン　本人が外に出て行って、違う国の人たちと深いところでわかりあいたいと思えば、努力したらそれができるようになると思うんですよ。塚谷さんがいろいろ失敗しながら努力したのと同じように。

外を見なくちゃいけないというのは、何のためなのか。自分が勤めている会社がもっと利益を上げるためなのか、あるいは国が栄えるためなのか。それとも個人の生活をもっと豊かにするためなのか。その目標がどこにあるのかが問題だと思うんですよね。

モティヴェイションがなければ人間って変わらないから。逆に中国人や韓国人のモティヴェイションは何なんだろう。好奇心ですかね。

塚谷　中国の人たちの動き方を見てると、国が全部指導しているようにしか見えない。たとえば中国は孔子学院（Confucius Institute）というのをイギリスなど世界中にどんどんつくっている。これは政府の肝煎りで、そこに現地の学生や生徒を集めて中国語や中国文化の教育をしている。ぼくがやっていたウィンブルドン（イギリス）のレストランの横にそれができて。中国は戦略的に物事を考えているし、すごいなと思います。今はアメリカみたいな大国としてのメンツがあるのかなと思ったりしていますね。日本はそういうのがあまりないから、ほったらかしですよ。

バラカンさんの今の説明は非常にわかりやすくて。日本人が個人主義というと、あまりいい意味に受け取られない。ヨーロッパで individualism というのはいいニュアンスですか、それとも悪いニュアンスですか？

バラカン 両方あると思いますけど。イギリスという国は極めて個人主義的です。一人ひとりが自分の行動に責任を持ち、自分の生活が充実するように行動するというのが個人主義ですよね。他人に迷惑をかけない限りという暗黙の了解があると思うけど、みんな基本的に好きなことをやっていいと思っているはずです。

塚谷 日本の個人主義という訳よりもむしろ、自由主義に近いですよね。

バラカン おそらくイギリス人は個人主義イコール自由主義だと思っているはずです。

塚谷 日本でたとえば「バラカンさんは個人主義的だよね」と言うと悪い意味なんですよ。

バラカン 人に対する気遣いがないとか。

塚谷 エゴイスティックというか、そういうふうに受け取られる。

バラカン それは社会の成り立ちが違うからしょうがないですよね。ぼくみたいに日本に長く住んでいると、その両方の感覚を持てるんですけど。

塚谷 日本にいて「お前はエゴイスティックだ」とか「individualism だ」とかあまり言

われない。日本人は相手の性格に対して「お前はこうだよな」とかあまり言わないんですけど、悪口を面と向かって言われることってあります？　友だちに「お前はエゴイスティックだね」とか「selfish だね」とか。

バラカン　母親にはよく selfish って言われたね。あと女房にも、selfish という言葉ではないけど「自分のことしか考えていない」って言われることがある。

塚谷　日本語の個人主義って selfish に近いかもしれない。

バラカン　そうかもね。度が過ぎるとそういうことになってしまうかな。それは程度の問題じゃないですかね。

†外国では日本人とは何かを必ず聞かれる

塚谷　ぼくはバラカンさんとそんなに年が変わらないと思うんだけど、日本の景気がいいときにヨーロッパに行っているので、いい思いをした。海外に行って日本人としていろんなものを見ていい経験をしたので、今の若い人にも海外に出て行ってそれなりのことをやってほしいなと思うんですけど、現実にはそうではない。バラカンさんも言われているようにそれは個人の問題で、一人ひとりがどういうことに幸せを感じるのかで、判断するべきだと思うんです。海外に出ていくときの心構えとして、日本人のアイデンティティの成り立ちを知っておいてもらいたいと思っているんです。

バラカン　海外に行く行かないにかかわらず、自分の国の社会がなぜどのようになっているのかということを知ると、とても強いです。海外で暮らすと、塚谷さんと同じように現地の人たちから日本についてよく聞かれる。聞かれたときに答えられるようにしておいたほうが、海外の人たちとの関係がよくなる。でも仮にそういう経験をしないで、一生国内で過ごすにしても、知らないよりは知っておいたほうが何かのときに役立つと思います。そうか、日本の社会ってこういうことがあるからこうなってるんだと、自分の国の理解につながりますからね。

塚谷　それはとてもいいことだと思います。知っているほうが安心できるし。そのほうが金が儲かるというわけではないけど、精神的に「あれ、そうだったんだ。じゃあこんなことには従わなくてもいいじゃないか」という選択にもつながると思うし。

それから、甲子園の野球についての話をしましたよね。部員が煙草を吸ったら出場停止になったという。そういう集団責任についても「それ、おかしいんじゃないの？」と言える人が出てきたらいいなと。そうすれば幸せというか、得する人も出てくる。

信号の話もそうですよね。車が来なければ別に赤信号で渡ってもいい。そのほうが合理的だし。そういういろいろな重しについて「この重し、何なの？」と疑問を持って理解していたほうがいい。重しはなくならないけど、それは何なのかということをわかっていたほうがいいと思うんです。

今回はバラカンさんと、そういうお話ができたらと思って。バラカンさん以外にそういう人はいない。他の日本人とこういう話をすればほとんど喧嘩になりますから。日本人は武士道とかそういうのが好きなんですよ。

バラカン　吹き込まれているからね。武士道のことをすぐに例に出す人が本当に武士道をわかっているのかな。

塚谷　わかります。テレビの時代劇でも農民が主役のものってないですよね。テレビでやってる時代劇を見ていても、主人公はほとんど武士です。

まあ、武士のほうが設定として、ドラマになりやすいですから。農民を主役にした場合、何をどう描くのか難しいものがありますしね。武士の場合、よその藩との戦いとか敵討ちとかいろいろな要素がある。

バラカン　なるほど、農民の話をドラマとして面白く構成するのは大変かもね。

塚谷　あればかり見ていると、日本の武士って素晴らしいということになってしまいがちですね。もっとも、悪代官もいっぱいいますけど（笑）。

今ここでしている話は、日本人が持っているそういうイメージを壊してしまう。だからみんな、面白く思わないんじゃないかと。バラカンさんはイギリスで育ってイギリスの文化を背負っているわけですね。

バラカン　背負ってませんよ（笑）。まったく背負ってない。

塚谷　ご専門が音楽なので、逆にいいのかもしれませんね。斜めに見るというか、まっすぐには見ないじゃないですか。

バラカン　もちろんイギリスのパスポートはあるけど、自分のアイデンティティはまったくと言っていいほど国とは関係がないです。そういう意味では全然背負っていません。

†集団稲作に全体主義的な傾向がある

塚谷　あともう一つ、ぼくは宗教と文化のことが気になっていて。ジャガイモは三〇〇年ぐらい前にヨーロッパに入ってきたと言われていますが、それまでは麦や菜種などを輪作していた。その農業方法と日本の田んぼをつくらなきゃいけない農業方法では大きな違いがある。日本の場合、水の問題もあるし。

そして宗教ではユダヤ教、キリスト教がヨーロッパの主流で、キリスト教にはカトリックとプロテスタントがある。日本には神道と仏教があって、それはどのように確立されたのかはわからないけど、もしかすると農業方法のほうが宗教を選んでいったのかなと思われて仕方がないのです。

日本でもヨーロッパでも農業生産のほうが先で、宗教は後から来た。キリスト教も後から入ってきて、それがある程度変化しながら現代まで来ているのではないかと。日本の場合は田んぼをつくるという厳しい農業方法があるところに仏教が来て、それがある程度変化しながら今に生きている。だから仏教あるいは武士道が日本人の心がつくったのではなく、みんなでやらなきゃいけないという稲作のルールが仏教とか武士道に符合したというか。宗教と農業方法の関係について、そういう逆のことを考えたんですけど、どう思います？

あるいはもっと大きく考えると、世界の社会制度なんですが、日本以外は農業スタイルが個人完結型なので、当然、個々人の利害はバラバラになります。利害関係の集約化、集団化には諸制度が必要になってくる。たとえば、ヨーロッパでは誰にでもわかりやすく納得しやすい多数決を基礎とした民主主義が生まれ、ディベイト、論戦、そしてイギリスの議会制度が出来上がり、そして集団の利益だけでなくその後、個人の幸せを考えるようになった。もう一方では逆に民衆のバラバラな意見を強制的に一本化するロシア、中国に代表される一党独裁が出来上がってきたと思うのです。

バラカン　それは考えたことがないな。どうだろう。

塚谷　考えすぎですかね。

あと、日本の司法・法律についてお話ししましたよね。基本的にヨーロッパは推定無罪で、日本は推定有罪みたいな感じになっている。日本では明治の初めに何もないところにヨーロッパの法律体系を持ってきたわけですが、なぜそうなってしまったのか。もしかすると、組織の中にいる危険なもの・人間は早く外に出してしまいたいという圧力があるのかなと、もやっと思ったりもしています。

それから「水をこっちの水路に二日間流す」とかそういうことを決める権力者は、その住民の命を握っている。たとえばそこで「頭に来たから、バラカンさんの田んぼには水を入れない」なんて言われたら困るでしょ。そういうことについては権力者が絶対的な力を持っているがゆえに、絶対に失敗は許されない。権力者がある人を捕まえて「たぶん有罪」と言った瞬間にその人は有罪になる。組織としては、一日も早くそういう人は外に出したほうが安全だし。

バラカン　それって全体主義じゃないですか。今の中国とかミャンマーみたいな感じですよね。

塚谷　集団稲作ってそういう要素があるんじゃないですか。だから、その二つの要素が入ってきて推定有罪になったのかなと。

バラカン　日本は形の上では議会制民主主義なんですけど、ヨーロッパ人が民主主義という言葉を聞いて想像するものとはかなりギャップがあります。

塚谷　デモクラシーと民主主義はイコールですか？

バラカン　ええ、そうです。

塚谷　デモクラシーの語源というか、もともとの意味はなんですか？

バラカン　dēmos は古代ギリシャ語で民、kratos は統治するという意味です。

塚谷　人を治めるのが民主ということだから、日本の民主主義とはだいぶ違いますね。

バラカン　ヨーロッパ人が思う民主主義は、アジアにはたぶんないと思います。考え方が違うんじゃないですかね。

塚谷　でもそれは、ヨーロッパ型と日本型のどちらがいいという問題ではないということですね。

バラカン　そうですね。今のヨーロッパでも、illiberal democracy（非自由主義的民主主義）というのがハンガリーやポーランドなどで増えていますね。最近は「本当に民主主義って機能するの？」って疑問に思っている人が多いと思います。アメリカだって、成功しているとは単純に言えないですよね。イギリスだってそうですけど、イギリスはまあ制度としてはまだ大丈夫かな。

†民主主義、個人主義、エゴイズムがうまく区別できないのが日本人

塚谷　民主主義の歴史はフランス革命からだから、二百数十年ぐらいですよね。自由・平等・博愛、あの三色旗がイメージされるものなんですが、日本人の考える民主主義はというと、個人主義なんです。これは利己主義と同じで、自分の利益、自分の組織の利益のためなら、他人、他の組織の不利益、不幸は見て見ぬふりをして、無視します。繰り返しになりますが、この行動様式はこれまで解説してきたような日本稲作農業で数千年と命をつないできた日本民族の意識構造です。簡単に言うと個人を大切にしないで集団にしがみつき、その集団内で命をつないできた日本人の姿なんでしょうね。

この行動様式の上に敗戦によって、戦後初めて、ヨーロッパ人がつくり上げた、日本人には理解できない民主主義の制度だけが強制的に重ね合わされた。それが今の日本です。日本人が生み出したわけでない民主主義の本質が、簡単に日本人に理解されて根づくわけがない。ですから現代日本はいびつな状態で、民主化の過渡期な気がしますね。

しかも我々日本人はいまだに、民主主義の概念、歴史、成り立ちなどを一切教育されていない。民主主義の原点であるフランス革命は、日本では世界史の教科書の歴史の一部でしかありません、ぼくの記憶では、上半身裸の自由の女神の油絵とロベスピエールの名前

程度です。

もちろんフランス人への悪口もいろいろあります、「キャンキャンうるさいスピッツ犬みたいだ」「パリは素晴らしい町だ、フランス人がいなければ」とか。自分の経験でもフランス人の知り合いは特に自己主張、独立心が強いように感じます。

でも、友人のアメリカ人がこう言うのです。実は、心ではフランスやフランス人を尊敬している、と。その理由は自分には想像できなかったんですが、アメリカ独立を助け、民主主義の仕組みをつくり出したのがフランス民族だからと言うのです。日本では「民主」とは個人を指し、構造は次のようになると思うんですよ。

民主主義＝個人主義＝利己主義＝個人の利益＝エゴイズム＝私権の乱用

しかし、ヨーロッパでは民主とは人間の幸福を指します。

民主主義＝個人主義＝個人の幸福＝地域住民の幸福＝国民の幸福＝私権の制限

こういう構造だと思います。現代日本は古来の集団主義から本来の民主主義にうまく移行できず、集団主義から極端に反対の個人主義に向かい、その結果、歪んだ個人主義・自由主義になっている。あるいは集団主義と個人主義の両極端が混在して、日本人が本来の力を発揮できない不自然な社会になっているように思います。前の章でも触れていますが、ヨーロッパの民主主義は、人間の幸福を論じるもので、集団主義でも、個人主義でもないと感じますね。

バラカン　民衆は自分たちで勝ち取った民主主義じゃないと大事にしないと思います。日本は与えられた民主主義だから、それが貴重なものだということに気づいていないということですよね。

塚谷　そうですね。外から来ていて、自分たちで本当につくってないから、そのありがたみがわかってない。だから民主主義・個人主義がエゴイズム、selfish と一緒くたになってしまっていて、区別がうまくできていない。特に、自分たちでそれをつくったわけじゃないので、区別がうまくできないということなんですね。

バラカン　みんな今のかたちで満足してるんだったら、別にぼくらがとやかく言うことでもないかな、という気もしますが。

塚谷　この民主主義の話もそうですが、バラカンさんが先ほど言っていたように「日本人の重しはこれじゃないか」という指摘をしたほうがいいというのは、ぼくもまったく同じ意見です。

バラカン　重しというか、もし窮屈な思いをしているのであれば、自分が楽になったほうが人生が楽しいですよね。

2　自分たちの社会を知る

†日本人は恵まれた食文化を持っている

塚谷　バラカンさんは、親から「美味いまずいとか言うんじゃない、食べ物があるだけ感謝しなさい」と教えられましたか？

バラカン　いや、あんまり言われなかったかな。

塚谷　ぼくのイギリス人の友だちはそう言われて育ったそうです。ひょっとしたら、超貧乏だったのかもしれない（笑）。

バラカン　というかイギリスの人はもともと美味しいとかまずいとか、そんなに言わないですよ。

塚谷　「日本人は食べ物に異常なほど執着があるね」とよく言われます。

バラカン　そうそう。ぼくにしてみれば逆にそう見える。日本人ほど恵まれた食文化を持った国民はいない。もちろん中国やフランスも素晴らしい食文化を持っていますが、日本は一番食のバラエティーがあって、本当に洗練された食文化を持っています。世界で一番かもしれません。日本人にとってそれは当たり前のことで、和食の味付けが基準になるから海外に行くと何でもまずく感じるわけです。それはある意味で不幸なことだと思う。

イギリス人は逆にすごく素朴な食生活だから、どこに行っても食べ物が美味しいんですよ。自分の国の食文化を当たり前のものとして受け止めているから、別に美味しいともまずいとも思ってないはずです。もちろん「うちの母親は本当に料理が下手で食えねえよ」と言う人はいるかもしれないけど、たいていは自分の母が毎日毎日つくってくれるご飯はごく普通なものだから、それなりに美味いと思ってるんじゃないかと思いますよ。

塚谷　日本ではモラルとして「お百姓さんに感謝して、ご飯を一粒でも残すんじゃない」と言われて育つんですよ。でも現実は、コンバインで刈り取った後には落穂、米粒だらけでも誰も拾わないですよ。人手がないし、腰に悪いし。

バラカン　ぼくらの世代は終戦直後ぐらいの生まれで、生まれた当時は特定の食糧に関して配給制度がまだ残っていました。たぶん、五〇年代の半ばぐらいまでは残ってたんじゃないかな。日本だってそうでしょう。

塚谷　日本では米穀手帳というのがあって、五〇年前ぐらいまではその手帳がないとお米を簡単に買えなかった。ぼくの友人は大学進学のために東京に出てきたとき、その手帳をもらったと言ってました。

バラカン　イギリスではたぶん五〇年代半ばぐらいまで、卵とか砂糖、それに肉などを自由に買えなかったと思います。終戦から一〇年ぐらい経って、ようやく自由に何でも買えるようになったんです。ぼくらが生まれた時代はまだ質素で、やっぱり食べ物を残すなと言われましたね。もっと後の時代になってものがたくさんあっても、「皿に取ったものは食べなさい。欲張っていっぱい取って残したら許さないよ」と言われた。それは正しいと思う。

†都市はお金がないとエンジョイできない

塚谷　ぼくの秘書だったデンマーク人のレーネ嬢は、コーヒーに砂糖もクリームも何も入れないで飲んでました。それで「なんでブラックなの？」って聞いたら「親に、他の人の家に行ってミルクをくれとか砂糖をくれとか言うなと言われた」と。だからずいぶん質素なんだなと思って。彼女は今、五五歳ぐらいですかね。その世代の人はそうなのかなと。

デンマーク人とはいろいろ話しましたけど、彼らは本当に地味で質素ですよね。ドイツ人もそうです。日本から見ていると、もっと豊かな感じがしてたんですけど。今も税金が高くなってるからみんな質素ですよ。

バラカン　でも税金が高くなっている代わりに、教育や医療が全部タダでしょ。

塚谷　全部タダです。老人ホームに入るのもタダだし。

バラカン　だからどっちが得かですよね。そっちのほうが気が楽かもしれません。

塚谷　ぼくもそう思います。都市ってやっぱりお金がないとエンジョイできないし、何もできない。ロンドンでもアムステルダムでも東京でも、ある程度お金がないと何もできない。だからある程度は国が面倒を見てくれたほうが、みんな気が楽だと思いますよ。

ロンドンで昔、本場のアフタヌーン・ティーが食べたいと思って、シェラトンだかどこだか忘れたけどホテルのラウンジに行ったことがあるんですけど、そこにはアラブ人がたくさんいて。当時は一ポンドが二〇〇〜二五〇円の時代です。アフタヌーン・ティーなんて頼んでもたかが知れてると思ってたんですけど、連れがいたので二人前頼んだら一〇〇ポンドも払わされて（笑）。

バラカン　あんなものはイギリスの人は誰も食べないですよ（笑）。

塚谷　一人前が五〇ポンドだから、二人前で二万円を超えてるんですよ。

バラカン　馬鹿馬鹿しい。ぼくらのアフタヌーン・ティーと言ったら、午後の三時ぐらいに大きなマグにミルク・ティーを飲んで、チョコレート・ビスケットかなんかをかじる程度です。

塚谷　二段か三段のスタンドにいろいろのって出てくるじゃないですか。

バラカン　あんなの誰も食べませんよ（笑）。まあ、一部の高級ホテルなどではそんなものがありますが、そんな環境ですごく高いお金を払ってまでお茶を飲むのは、ぼくには理解しづらいものですね。

塚谷　一時間ぐらいいて、一人につき一万円以上払ってるんですよ。あれには度肝を抜かれました。イギリスの家庭ではああいうことはやらないですよね。

バラカン　まさか（笑）。おやつですよ。

塚谷　ですよね。なんであんなに有名になってるのか、よくわからないんだけど。

バラカン　日本ではイギリスというと、そういう貴族の生活に憧れるんだろうね。昔のメディアでイギリスが取り上げられると、そういうお金持ち階級の生き方だけを紹介していました。それでああいう姿が一人歩きするようになったんだろうと思います。ぼくも昔、初めてテレビに誘われたとき「イギリスのそういう世界をまったく体験していないのでわからない」と言って断ったんですけど、頼んだ相手も不思議がっていました。イギリス人なら誰でもそういうものだと思ってたみたいで。だから本当にイギリスの紹介の仕方が間違っています。

塚谷　あと、全然関係ないですけどイギリスで鰻は食べましたか？　ぶつ切りで骨が入ってるやつ。

バラカン　イギリスのはいまだに食べたことがないです。美味そうに見えないしね。

塚谷　日本の鰻は食べられるんですよね。

バラカン　日本の鰻は大好きです。名古屋に行ったらひつまぶしですね。大好物です。

塚谷　ぼくはひつまぶしってよく知らなかったんですけど、ポーランド人が日本に来たとき、そいつがひつまぶし、ひつまぶしってうるさくて。一緒に名古屋に行くことになってたんで、名古屋城を見に行ったんだけど、行く間じゅうひつまぶし、ひつまぶしって言ってて。それも、ふつうにひつまぶしって言ってくれればいいんだけど、彼は変なところにアクセントを置いて「ひっまあーふし」って言うから「この人は何のことを言ってるのかな。ポーランド料理かな」と思ってました（笑）。途中でやっと「ああ、もしかして鰻のことか」と理解できて、お店に連れて行きましたけど。

†日本を変えられるのは帰国子女

塚谷　今、コロナウイルスのワクチン接種が始まりましたよね。最初のうちはモタモタしていたんだけど、あるときから急にバーッと進行するようになった。日本人はああいうのは得意なんですね。

バラカン　はっきりした指示が出たから。

塚谷　はっきりした目標と指示が出たからですね。日本人は物事を変化させたりして、あっという間に広げていくのは得意なんだけど、最初のものができない。日本のシステムには明確な目標を決める人と指示する人がいない。日本人は朝何時に来て何時に終わるというのをきっちりできる人たちだから、労働集約型で時計や車をつくったりしていたときにはうまく伸びた。

でも今の時代はそうじゃなくて、工作機械がみんなつくってしまうから、日本は下降線をたどっていくしかない。アメリカのマイクロソフトやアップルのようにいろいろなものや仕組みを生みだしていくところは右肩上がりですが、日本人はそもそも仕組みをつくることが得意じゃない。何か新しい仕組みをつくろうとすると叩かれますから。

日本が衰退していく理由はそこにあるような気がします。ある意味で集団主義的すぎて出る杭を打ちすぎる。日本を再度発展させるためには、出る杭を叩かないシステムをつくるしかない。

バラカン　もちろんそうですけど、江戸時代からずっと続いているこの社会のかたちをどうやって変えるのか。まずは教育制度を変えなければいけないんですけど、これを変えるためには子供たちにものを教える教師に対する教育をする必要があります。その教育を誰がしますか。

塚谷　それは帰国子女の方にやっていただくか、バラカンさんあたりにやってもらうのが一番いいんじゃないですかね。ディベイト文化のあるヨーロッパやアメリカで教育を受けていないと、そういう教育はできないから。

†日本がどうあってほしいのかというヴィジョンがなければいけない

バラカン　でもその一方で、日本の社会をヨーロッパのようにしなければいけないのかという議論もあると思う。日本は日本でいいじゃないかと。少なくともバブルが弾けるまでは、日本は日本でよかったわけですから。だからどっちを取るかだと思うんですよね。その決断をするのは政府なんだろうけど、そのためにはまず五〇年後、一〇〇年後のこの国がどうあってほしいかというヴィジョンがなければいけない。社会を変えるか、それとも変えないか。もちろん少子高齢化で、働き手がどのぐらいいるのかという問題があり、働き手が足りないなら、海外から取り入れなければならない。でもそうするとおそらく差別の問題も出てくるので、簡単には進まない話です。複合的な将来のヴィジョンを持って決断するわけですから、すごく難しいですよね。今はもしかして、日本の歴史の中で一番大変な時期なんじゃないかと思います。

塚谷　ぼくもそう思います。ヴィジョンがないのはもしかしたら、官僚組織の問題かもしれない。戦前には一〇〇年後、二〇〇年後の日本のあり方について考える組織があったんだけど、敗戦後、アメリカに占領されていたときに、進駐軍がそうした組織をすべて解体した。日本の将来の国家のあり方を考える組織がなくなって、日本はノーもイエスも言えなくなったという話を聞いたことがあります。これからは国家をあげて国益とは、個人の幸福とはということについて考えるべきだとぼくは思うんですよね。

一方でヨーロッパを見ていると、次の世代を担う子供に投資することを国家の根幹事業としている。

日本の奨学金の問題も早く解決すべきと思います。それはヨーロッパでは大学まで教育費がほとんどかからない制度になっている。日本が教育、研究に十分な国家予算を投入しないで、このまま放っておいたらどうなるか。単純に予想すると、日本はどんどん下降線をたどっていく。江戸時代みたいに中国は巨大で、ベトナム・日本・韓国が同一レベルで並んでいて、大インドがその横にいるみたいな、そういう昔の秩序になるんじゃないかなと。だからアジアの中で日本が上に行く、あるいは、日本の経済をある程度維持していくこうとするのであれば、日本のまじめで協力しあう良いところは残して、斬新なアイデアや産業を育てていくのがベストです。でもその斬新なものは他と違うことであって、日本人が苦手な異質なものです。今の日本の社会はそれを許さない。その状況を打開する方法は、まさに教育しかないと思うんです。

では具体的に、教育の仕方をどう変えればいいか。たとえば小中高一貫の私立の学校で徹底的にディベイト教育を取り入れて、言いたいことを言う人間を育てる。日本社会では生意気な奴になるんでしょうが、そういう人たちが社会の中に入っていき、それがひとりじゃなく複数人、全体の五パーセントでも出てくると、徐々に日本の社会が変わっていくんじゃないかと思いますね。

バラカン　それはもうすでに始まっているようにも思いますけどね。ITの世界の若い企業家たちもいるし、あるいはフリーで仕事をしている人もかなり増えてきています。その人たちが築いていく時代はまだまだ先になるかもしれませんけど、前よりは少しは変わっているようにぼくは思います。あまりそうは思えませんか？

塚谷　いや、少しは変わっていると思うんですけど。特にIT系が出てきて変わってきましたけど、そういう企業は規模が小さいから。

今朝の日経新聞によると、スタートアップで一〇〇〇億円以上の企業価値を持つ企業がアメリカにはいっぱいあるし、韓国にも日本より数多くあるんですけど、日本には一社しかないそうです。これから社会が変わっていけば少しは成長して、ダイナミズムも出てくるかなと思うんだけど、今のままではちょっと。さっき政治の話が出てきましたけど、やっぱり規制がものすごく多いんですよ。規制っていうのは農業の話そのものです。

バラカン　つまり「何々するな」っていうこと？

塚谷　そうです。これはしちゃいけない、あれはしちゃいけないと規制が多すぎる。台風が来たからといって田んぼを見に行ってはいけないというのは常識、common senseでこれはいいんですけど、その規制を全部にまで広げるというのはあってはいけないことだと思っていて。そういうのはなくさなきゃいけない。

バラカン　真夜中の住宅街の歩行者用信号でも、赤信号を守る人がいますよね。日本にはああいう暗黙のルールがある。あれを守っているのは日本人だけということはないかもしれないけど。

塚谷　あれはあまり意味がないと思いますけど、「車がいないから渡ろうかな」と思うとおまわりさんにピピッと笛を吹かれたりして（笑）。深夜に警官が見てるんですよ。

バラカン　車だったらさすがに夜中でも赤信号だったら止まるけど、車がどこを見てもいないときに渡らないバカがいるか（笑）というのが、率直な気持ちですね。

塚谷　本当ですよね。時間の無駄ですよ。日本に来た外国人があれを見たらビックリしますよね。

バラカン　住宅街だけじゃなくて大通りでも、ぼくは車がいなければ渡りますよ。でも「小さい子がいるときには渡るな」と女房に言われていて、それだけは守っている（笑）。

塚谷　それはまったくそう思います。

バラカン　でもそれだったら、小さい子がいるところで「左見て、右見て、もう一度左見て。よし、車はいないでしょ？　渡るよ」って逆に見せてもいいと思う。自分で判断して行動すればＯＫだよ、ということをわからせるためにも。

塚谷　そうですね。そういう自己判断が今の日本にはないんですよ。

†「なんで日本はこうなのか」を説明する必要がある

塚谷　日本のコメっていうのはやっぱりつくるのが大変なんですよね。

バラカン　ここでは日本叩きみたいに聞こえる話をたくさんしてるんですけど、そのおおもとにあるのは、当時の日本ではどうしても必要な社会体系だったわけです。みんなの胃袋を満たすために、どうしても必要だったコメを無事に育てるには不可欠な体制だったんですね。それがうまく機能したから、ずっと何百年も続いたわけで。塚谷さんはデンマークやオランダの人たちに「なんで日本はこうなのか」とたびたび詰め寄られたのですよね。

塚谷　そうなんです。この間、ある人と話していたら、「なんでそういうことを説明しなきゃいけないの？」と聞かれました。

バラカン　誰も説明していないからですね。日本人は自分たちのことだから、そういうことを考えたこともない。自分たちでお互いに行動のパターンを説明する必要は、何もないんだから。

塚谷　日本人は「自分は何とかですよ」「俺はこんなことやってるんだぜ」と他の人に言うことはよくないことだと思っている。そういうことを言うと生意気だとか、上に立とうとしているとか思われて。だから自分のことを説明することに慣れていないし、する必要もないと思ってる。

でもヨーロッパ社会ではエレベーターに乗ったらHi. とかHello. とか言わなきゃいけない。それは「俺は怪しい奴じゃないよ」と相手を安心させるためであって。アメリカ社会もそうだけど、そこでは自分で自分のことを言うしかない。

バラカン　握手も同じことですよね。手に武器を持っていないことを証明するためですからね。

塚谷　そこでは「俺は悪い人間じゃない」ということを常に証明しなきゃいけない。でも日本でそんなことをすれば「なんだあいつ、なれなれしいな」「生意気な奴だな」ということで攻撃されてしまう。日本にいると、相手に自分について説明することの必要性がわからないんですよ。

バラカン　不思議なもんですね。今はもう農村社会で暮らしている人はほとんどいないのに。要は、自分たちの社会についてもうちょっと意識的に知る必要がある。昔は必要がなかったかもしれませんけど、今はいやがおうにもグローバルな世の中になっていますから、自分の国はなぜこういうかたちなのかということを知る必要があるし、ときには人にもそれを伝えないと物事がうまくいかない。

塚谷　日本人がインターナショナルになろうとすれば、自分のことをまず相手に説明しなきゃいけないんだけど、日本人はまずそのことをわかっていない。日本では何も言わなくても済むじゃないですか。

バラカン　お上は自分で責任を取らないし。

塚谷　下手なことを言えないから、隠れてなきゃいけない。でも海外では「お前は何なんだ」と聞かれたらそれに答えないと怪しい奴、不思議な奴と思われてしまう。

バラカン　怪しいというか、信頼していいかどうかわからないですね。

塚谷　信頼できる奴は自分から明かすんですよ。

バラカン　前にあった日本の連帯責任は、おかしいというより、ヨーロッパ人にはまず理解できませんね。

ほかの問題もそうですけど、相手が理解できないことを説明できるようにしないと。日本はそういう制度だから、と言われても「なんで」となっちゃうから。それは自分たちで「なんで日本の社会がこうなのか」、ということをわかったほうがいいですね。

で、人に聞かれたときに「日本はこうこういうことで、こういうふうになっている」と。「あなたには理解しがたいかもしれないけれど、こういう社会なんですよ」ってある程度説明できれば、「ああ、なるほど。変だけど、まあそういうことか」って少しは納得することができますよね。

結局日本の社会がなぜ今のようになってるかということを、もう少し日本人が理解する必要があるかな。

†そんな現実があるのに、それでも日本人の目が覚めない

塚谷　日本人じゃなくても、どの国の国民にもプライドがあります。日本が誇れることは何かというと、アジアで真っ先に産業立国になったという事実です。トヨタの経営哲学をはじめ、本田宗一郎さんが本田技研工業を引っ張ってきた推進力も、稲作組織体が集団で

力を発揮できるような土台が日本にすでに構築されていたからであり、それが原動力となって日本経済の成長を推し進めていったのは明白です。

日本人は、日々まじめに、言い訳を嫌い、和をもって尊しとなす。無遅刻無欠席は当たり前、皆勤賞を最高の名誉として身を粉にして所属組織に尽くしてきた。そうして日本人は世界でも類をみない素晴らしい商品をつくり、今日の産業立国を築き上げた。

その原動力は世界に唯一の特殊な稲作農法で、太古からの思想は現代にも引き継がれています。産業立国になれたもう一つの理由は、コメが高カロリーだったせいかもしれません。米のおかげで日本には一億の人口、大市場があったので、建築土建業、車産業、機械、家電などすべての分野を発展させることができた。でも今、相手にしなければならないのは、中国にしてもインドにしても十億人規模、アメリカは三億人、EUにしても五億人という世界です。一億人という規模で発展をリードしていけるかというと、経済性からすでに無理で、太刀打ちできない時代に突入しています。今までは集団主義でよかったけど、日本は今後、本気で何か別の方策を考えだす以外にない。

バラカン　何年か前に、カンボジアとラオスにちょっとだけ行ったんですよ。かつてはホンダのスーパー・カブというオートバイばかり走っていた印象ですが、ぼくが行ったときには代わりに中国の同じくらいの小さいバイクがいっぱいあったんです。

現地の人が言ったのは、安くて、二〜三年で故障するのはみんなわかっているんだけど、この安さなので、どうしてもこっちのほうに手が出る。それなんですよ、結局ね。変わるとしたら、ボトム・アップで個人から変わっていくしかないと思います。今の自民党政治は、大企業の懐を潤すことが優先で、我々個人のことには全然かまってくれないでしょう。

塚谷　「オレ、正しいことを言っているのに、なぜ潰そうとするんだよ」とはっきり言える人たちが日本の社会に入ってくると、だいぶ変わると思うんです。でも「右ならえ」という教育をされちゃうと、無理ですよね。

バラカン　無理無理。そうじゃない価値観を持つのは、現代の日本ではたぶん落ちこぼれが中心になると思う。ただ、それを落ちこぼれと見るか、ドロップ・アウトして自分勝手に違う生き方を選ぶ人というふうに見るか。だから落ちこぼれという言葉を使わないほうがいいと思います。

塚谷　落ちこぼれている人たちっていうのは、落ちこぼれだと社会が決めつけているだけじゃないですか。だから、大きな展開はできないと思うのだけれど、「自分は落ちこぼれではない」「正しいことを言っているんだ」と本気で思っている人たちがもっと社会に出てくれれば、日本も変わってくるだろうな、と思ったんですよ。

そんな人材を育成するプライベートな学校ができたらいいですねえ。

バラカン　こういう話を書籍でするよりも、テレビで、日常的にしたほうがいいと思うんですよ。芸能番組は、多少あってもいいけれど、もっと「これからの日本をどうするか」というまじめな番組が、もっともっと毎日必要です。

そうすれば、多くの人が「あ、そうか。今までこんなことを考えたことはなかったけど、そう言われれば、たしかにそういうこともあるよね」なんて反応が出ると思います。そうこうしているうちにおのずと考え始めます。

「右ならえ」みたいなものを、一つでもやめてみればいいんですよ。やめることで何がどう変わるか。「右ならえ」は本当に必要ないはずだから。

塚谷　バラカンさんは本当に日本、ヨーロッパ社会をよく観察して、深く理解されています。すね。日本人の特性を日本人自身が理解して、バラカンさんも言われるように何とか変わってほしいですよ。民主主義国家では、国益すなわち経済と国民の幸せを最優先とするために個人のエゴ、すなわち行きすぎた私権は制限されている。それを、民主主義国家では国民も当然のこととしている。

一方、日本は本来の民主主義が理解できないから、行きすぎた私権、すなわち醜いエゴが経済効率を妨げている。日本を、日本国民を再び輝かせ、経済をV字回復させるためには、行きすぎた私権、エゴを制限する以外にないと思います。一〇年、二〇年、一〇〇年かかってもこのエゴを制限するシステムを、日本は民主国家のヨーロッパにならい、築き上げるべきでしょう。

バラカン 昔から日本人は「不思議だな」と思っていたことが、なぜそうなのかが塚谷さんと話をしているうちに、徐々に見えてきましたよ。ぼくの日本人観が変わったという劇的な話ではなく、日常で何かが変わるわけでもありません。ただ、気持ちの上ではちょっと楽にはなった気がしますね。それよりも、今の日本社会がどうなってるのかを日本人自身がもっと理解する必要があるように思います。

おわりに

塚谷泰生

自分は、子供の時分から植物好き、農業好きで、それが高じて、なぜか中学で盆栽にはまり高校時代から盆栽の売り買いを始め、そこから商売が大好きになりました。そして商売人に憧れて商社に入社し、海外で商いの実践を積むことになりました。

この対談で述べたことは、すべて現場での実践のみで培われたものです。

もともと植物、農業が好きなことも手伝って、仕事の合間を見つけては、日本ではもちろん、海外でも、実際に機械で、鍬で畑を耕したり、収穫したり、火山灰土とは、ヨーロッパ堆積土壌とはどんな土なのかを実体験してきました。

一方、ヨーロッパで仕事を始めた当初、日本で「同じ人間、話せばわかる」と教育されてきた私には、納得できないことだらけでした。人種差別は感じるし、いくら話しても、「同じ人間、なんでこんなに違うのか」ということを感じるだけでした。この疑問は、海外で仕事したことがある人や外国人と関わりのある人も持っているでしょうし、反対に日本人と接する外国人にも共通する疑問ではないかと思います。

八年前に日本で活躍するイギリスご出身のピーター・バラカンさんと映像の仕事でご一緒したときに、世界の文化が農業のあり方に由来するという私の考え方にバラカンさんが共感いただいたことは心強く、バックボーンを得た感じでした。その後、バラカンさんの豊富な異文化経験・知識と的確な指導をいただくことで、本書が完成しました。

日本を支配する「空気」のようなものは稲作からきたということを多くの人に伝えたかったのは、現代日本で感じる経済、社会の閉塞感に効くカンフル剤になるのではないかという思いからです。また、本書によって我々日本人が今まで気が付かなかった日本人の甘え、空気、世間といわれる本質が見えてくるのではと思っています。まだまだ先のある議論とは思いますが、この投げかけがさらなる日本人解明の一石になれば幸せの極みです。

最後に本書をまとめるにあたり、尊敬する恩師である浅野幸雄先生（元明治大学農学部教授）には特に感謝いたします。先生はドイツ語が堪能なこともあり、度々ドイツの農業大学での研修、研究に長期で来ておられて、奥様と電車で自宅のあったオランダ・アムステルダムまでわざわざ会いに来てくださいました。その都度、先生ご夫妻を車でオランダの農業地帯にご案内できたことは、感激の時間でした。

さまざまな形でご協力くださいました、以下の皆さんにも、厚く感謝を申し上げます。

中嶋康博教授（東京大学大学院農学生命科学研究科、農業経済学）、木下敏之教授（福岡大学経済学部）、原田信男教授（国士舘大学文学部、江戸文化史・食文化史）、竹本田持教授（明治大学農学部長、農業経営学および地域農業論）、小田切徳美教授（明治大学農学部、地域ガバナンス論、農山村再生論）、竹迫紘教授（元明治大学農学部、土壌学）、大里修一教授（明治大学農学部、植物病理学）、今井勝教授（元明治大学農学部、作物学・生物環境調節学）、市田知子教授（明治大学農学部、農業経済学、農業政策・農村社会学）、安秀和氏（アンコーポレーション元社長、故人）、石井克治氏（元埼玉県さいたま市民生委員）、荘司文雄氏（木戸泉酒造）、新井正明氏（トップシーン会長）、吉田茂氏（グレートウエーブ取締役）、マイケル・ゴールドバーグ氏（インターナショナル・ビデオワークス）。皆さんのご協力なしに本書は完成しませんでした。心より御礼申し上げます。

ちくま新書
1629

ふしぎな日本人《にほんじん》
——外国人《がいこくじん》に理解《りかい》されないのはなぜか

二〇二二年一月一〇日 第一刷発行

著者 塚谷泰生（つかたに・やすお）
ピーター・バラカン

発行者 喜入冬子
発行所 株式会社 筑摩書房
東京都台東区蔵前二-五-三 郵便番号一一一-八七五五
電話番号〇三-五六八七-二六〇一（代表）
装幀者 間村俊一
印刷・製本 株式会社 精興社

ISBN978-4-480-07457-7 C0295

ちくま新書

1332
ヨーロッパで勝つ! ビジネス成功術
――日本人の知らない新常識
塚谷泰生
EPA合意でヨーロッパビジネスの大チャンスがやってきた。日本製品は交渉術を身につければ必ず売れる。経験豊富な元商社マンが伝授する、ビジネス成功の極意。

902
日本農業の真実
生源寺眞一
わが国の農業は正念場を迎えている。いま大切なのは食と農の実態を冷静に問いなおすことだ。農業政策の第一人者が現状を分析し、近未来の日本農業を描き出す。

1376
はじめてのアメリカ音楽史
ジェームス・M・バーダマン
里中哲彦
ブルーズ、ジャズ、ソウル、ロックンロール、ヒップホップ……ルーツから現在のアーティストまで、その歴史を徹底的に語りつくす。各ジャンルのアルバム紹介付。

1405
英語の処方箋
――「日本人英語」を変える100のコツ
ジェームス・M・バーダマン
安藤文人訳
「よろしく」って英語で何て言う? "Long time no see." は使わないほうがよい? 日本人英語の間違いや会話・文法の要点などを楽しく解説!

1230
日本人の9割が間違える英語表現100
キャサリン・A・クラフト
里中哲彦編訳
教科書に載っていても実は通じない表現や和製英語など、日本人の英語は勘違いばかり! 長年日本人の英語に接してきた著者が、その正しい言い方を教えます。

1313
日本人の9割が知らない英語の常識181
キャサリン・A・クラフト
里中哲彦編訳
日本語を直訳して変な表現をしていたり、あまり使われない単語を多用していたり、日本人の英語はまだまだ勘違いばかり。10万部超ベストセラー待望の続編!

1583
英語の思考法
――話すための文法・文化レッスン
井上逸兵
いくら勉強しても自然な英語が喋れないのはなぜ? 「独立」「つながり」「対等」の3つをキーワードに、日本語にはない英語独特の「考え方」を徹底解説。